舜徽书系

学问思辨，乃求知之事，必先明于至善之所在，而后笃行不惑

陶述曾日记

耿马之行（1942）

◎陶述曾／著
李森林／整理

舜徽书系

華中師範大學出版社

新出图证（鄂）字 10 号
图书在版编目（CIP）数据
陶述曾日记：耿马之行：1942 / 陶述曾著；李森林整理. -- 武汉：华中师范大学出版社，2025. 5.
（舜徽书系）. -- ISBN 978-7-5769-1014-8
Ⅰ. K826.16
中国国家版本馆 CIP 数据核字第 2025EX2937 号

陶述曾日记·耿马之行（1942）

陶 述 曾　著
出 品 人　付义朝
策 划 人　仁　宇
编 辑 室　学术出版分社
电　　话　027-67863280
责任编辑　魏耀武
特约编辑　陶　震　陶德友
责任校对　骆　宏
封面设计　北京图阅盛世
出版发行　华中师范大学出版社
社　　址　湖北省武汉市洪山区珞喻路 152 号
销售电话　027-67863426（发行部）
邮　　编　430079
网　　址　https://press.ccnu.edu.cn
印　　刷　湖北新华印务有限公司
督　　印　刘　敏
开　　本　787mm×1092mm　1/32
印　　张　8.625
插　　页　6
字　　数　138 千字
版　　次　2025 年 5 月第 1 版
印　　次　2025 年 5 月第 1 次印刷
定　　价　42.00 元

陶述曾先生

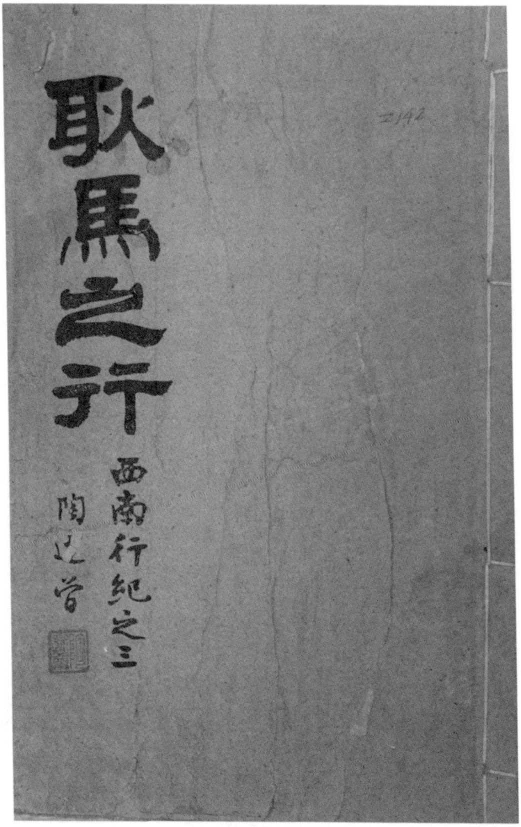

《耿马之行》稿本

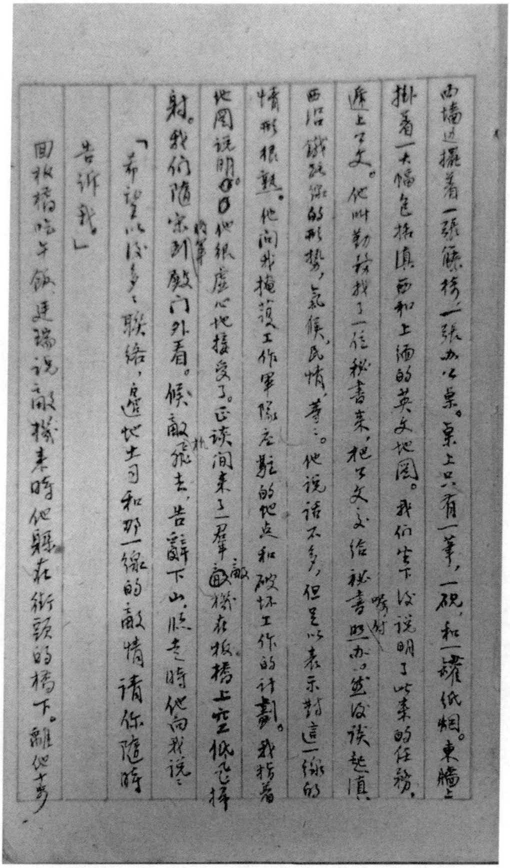
西墙边摆着一张藤椅，一张办公桌。桌上只有一笔，一砚，和一罐纸烟。东墙上挂着一大幅包括滇西和上缅的英文地图。我们坐下后说明了此来的任务，递上公文。他叫勤务找了一位秘书来，把公文交给秘书嘱咐照办。并谈起滇西沿铁路线的形势，气候，民情，等等。他说话不多，但足以表示对这一线的情形很熟。他问我掩护工作军队应驻的地点和破坏工作的计划。我指着地图说明。他很虚心地接受了。正谈间来了一群敌机在板桥上空低飞掠射。我们随宗到敞门外看。候敌机飞去，告辞下山。临走时他向我说：

「希望以后多多联络，边地土司和那一线的敌情请你随时告诉我。」

回板桥吃午饭，廷瑞说敌机来时他躲在街头的桥下。离他十步

《耿马之行》手迹

耿马城门

滇缅公路局部

可敬的筑路民众

序　一

2024年国庆节傍晚，我正漫步在华中师范大学博雅广场，忽然接到新洲友人李森林先生电话，让我为陶述曾先生的日记作序。为陶述曾先生日记作序？我一下愣住了。余生也晚，无缘与陶先生谋面，也不熟悉陶先生生平事迹，如何为其日记弁言？不过，李先生执意坚持，也有其道理。这得从今年5月的一次拜访说起。新洲有一位20世纪50年代走出去的大学生，近半个世纪同家中亲人的书信不断，达数十万字，李先生同这个家族往来密切。我在向华中师范大学出版社学术出版分社魏耀武社长介绍后，魏社长决定将其列入出版计划。5月23日，我与历史文化学院王洪强副教授陪同魏社长前往新洲，面商书信集的出版之事。途中，魏社长与人通话，我隐隐约约听到是在谈论陶述曾日记之事。待其话毕，我随口便说李先生收藏有陶氏日记打印稿，不需再烦他人。于是，魏社长这次新洲之行便同时敲定了两部书稿的出版事宜，真应验了那句老话：踏破铁鞋无觅处，得来全不费工夫。职此之故，我也就与陶述曾日记拉上了关系，这是李先生让我作序的理由。为完成任务，我只得认真阅读陶先生日记，了解其生平业绩，在此基础上叙述日记内容，展现陶先生及其同代人的经历与精神风貌，以尽导读之责。

陶述曾（1896—1993年），字翼圣，湖北黄冈（其居住地今已划入武汉市新洲区）人，著名水利工程专家。他出生在长江北岸一个名叫陶胜六的村庄，其家族殷实，世代以耕读传家，至上一代始入仕途。清光绪末，其父先在河南夏邑为官，后为新野、洛阳知县；民国初，升任河南汝南道道尹。因此，陶述曾自幼便随父亲在河南各地读书。在开封上中学时，开始接受新思想的熏陶。辛亥革命爆发后，他由河南回到家乡。凭着一腔报国热忱，投入武昌革命军政府将校补充团受训，旋考入武昌军官学校。在一次地形课中，陈教官讲述大禹治水、为民除患的故事，并在黑板上写下“为生民立命，为万世立功，禹稷才是真正的英雄”两行字，给陶述曾极大的震撼，影响到他一生的职业选择。1915年春，他与弟弟汇曾（字希圣）一同考入北京大学文科预科，因数学根底较好，他在秋季转入理科预科。1918年，因学科调整进入天津的北洋大学。五四运动中，由于积极参加学潮而被开除，遂带头同北京大学蔡元培校长联系，重回北京大学复建的土木系读书。1921年7月毕业后，陶述曾一直从事工程技术工作，长年跋涉在崇山峻岭之中，奋战在大江大河两岸，逐渐成为重要工程的骨干和领导者。抗日战争时期，他担任湘桂铁路灵川桥工处主任，负责建造灵川铁路桥。后来，为了打通国际交通线，他又被征召到西南边陲，参与组织抢修滇缅公路和铁路、中印公路与昆明机场，任务艰苦而危险。抗战胜利后，他担任河南花园口堵口复堤工程的总工程师，秉持工程技术人员的良知，制定和执行了科学及符合工程伦理的施工方案，使黄河安然流回故道，保护了黄泛区和下游山东解放区人民的根本利益。1949年2月，在中共中央中原局的安排下，他出任湖北省建设厅厅长，全力保护武汉市的建设设施，迎来中华人民共和国的诞生。

新中国成立之初，陶述曾先后担任湖北省交通厅厅长、水利厅厅长等要职，为湖北省的水利建设事业作出了重大贡献。1954年，长江发生百年未遇的特大洪水，武汉关水位达到创纪录的29.73米，防汛难度极大。陶述曾临危受命，担任武汉防汛指挥部的总工程师。他迅速组建总工程师室，制定防汛方略，并把防汛和抢险的知识传授给一线值守人员，为战胜特大洪水立下功勋。1962年，他升任为湖北省副省长。1976 年，他已八十高龄，仍被选为湖北省人大常委会副主任，兼任全国政协委员、湖北省政协副主席、湖北省科协名誉主席。他在 1952 年加入中国国民党革命委员会之后，担任了民革湖北省委第二、第三、第四、第五届主任，民革中央常委。他还曾任第四届全国人大代表、第二至第六届全国政协常委，是一位积极的参政议政者。在学术团体中，他担任过中国土木工程学会副理事长、湖北省土木工程学会理事长、中国水利工程学会武汉分会理事长等领导职务，这些都是他在工程领域做出重要贡献而赢得的荣耀。

从以上尽可能简略的生平概述可见，陶述曾一生各阶段都有不少闪光点。与其日记相关联的，是他在全面抗战时期东奔西走的劳碌身影。为了将战略性工程的实况留存下来，他养成了写日记的习惯，对滇缅公路、铁路的修建，他有完整的记述。令人十分痛心的是，他的这些珍贵记录在 1966 年的政治风暴中都被卷走，不知落于何处。冥冥之中给他留下一丝聊以慰藉的，是其 1942 年的《耿马之行》幸免于难，奇迹般地存留下来，成为他抗战中奔赴国难的一个见证。据这部分日记的序中所言，1938 年 8 月，陶述曾被调到滇缅铁路工作，任无量山东麓到澜沧江东岸一段的总段长；1940年4月，又被调到滇缅边界一段，任第二十总段段长，总段办公地点设在云南孟定。1941年4月，滇缅铁路开工，二十总段的任务是将缅甸的兴威到滚弄之间的公路单行线扩宽加固，把滚弄到孟定之间的驮马路改建成正式的汽车路。10月，陶述曾调任滇缅铁路第一工程处副处长，兼运输便道工程处主任。运输便道西起孟定街，溯南定河①南岸，经孟润、犀牛大寨、孟撒到孟勇，长约150公里。1942年3月，便道建成。4月，他又调任缅印边境公路抢修队总队长，前往缅北的孟拱查勘并部署中印公路的施工。5月，中国远征军在缅甸南部的战事不利，陶述曾乘火车撤退回国，下旬回到云南祥云。《耿马之行》记载的是他回到祥云第三天以后的事情。为了延缓日本侵略者的进攻，陶述曾的任务是赶到耿马，去组织人力破坏由自己和两千多生命及一万多民工修成的汽车运输便道。

陶述曾的耿马之行，可谓一路凶险。离开祥云没有几天，就遇到连雨天，道路泥泞，他只得抛下指挥车，临时

① 南定河，今作“南汀河”。此序中所涉及地名均据日记中的旧称。不一一注明。

雇用马匹，骑马穿行浓烈的瘴区，加上土匪出没，安全毫无保障。正当盛年的陶述曾毫不畏惧，一边骑行一边联络，指挥破路行动，终于在一个月后到达耿马。他的笔下，没有过多地渲染工作中的艰辛。他臀部的湿疹扩大成整片的疮，新肉粘着裤子，已神经麻痹不知疼痛，却时刻关注着身边的人和事。如滇缅铁路副总工程师李耀祥（字显庭）已经 60 多岁，为了完成炸桥任务，抛下年轻的妻子和幼儿，带领民工亲赴险境。陶述曾写道："李显庭先生以垂老之年，在回国途中托妻寄子，毅然向敌人迎上去，破坏桥梁，掩护国军退却，是何等悲壮！"在 6 月 19 日出发到蛮弄丫口的一行人中，是青年小谭带队，要经过土匪窝，他却不带枪。陶述曾写道："小谭向来是一个胆小青年，平常骑一匹极小的老实马，从来不敢放开辔头大跑一步。这次为军事的需要，延缓了婚期（他和护士陆其华已经订在六月初结婚），冒着蛮烟瘴雨来到万口争传叛变了的土司地，又因为卫兵不敷分配，空手走向著名的匪窟，没有丝毫留连畏惧的表示，一种刚毅无畏的精神把他温柔细腻的举止和短小的体貌都笼罩了，使人只觉得他亢爽伟大。国难刮去了他的柔懦的外层，显出了精干的内蕴。"这样的文字，把中华民族"富贵不能淫，贫贱不能移，威武不能屈”的大丈夫气概具象化了，阅读时令人久久不能移目。同时，也有与之形成强烈反差的人物，这些人在国难当头之时不体恤下属和民众，工作懒散，甚至千方百计中饱私囊，如某参谋团的颟顸处长和在土司辖区搜刮民财的某局长等人，则令人唾弃。在周遭恶劣的环境下，陶述曾的心境却是舒张的。他的笔下，有地貌物产的叙述、风土人情的描绘，也有众志成城的场面、患难之交的细节，还有家庭生活的简陋、亲人别离的缠绵。因此，《耿马之行》记事虽仅三个月，文字不过数万，却是广大工程技术人员和基层民众齐心抗战的真实写照，无处不闪耀出民族精神的光彩。其精妙处非拙笔所能展现，唯读者细观方可体察。

列于《耿马之行》之后的《沧海寻踪》部分章节，作者是陶述曾之子陶鼎来（1920—2016）。陶鼎来自幼随父亲的工作地点迁徙，在各地求学，1938 年毕业于桂林高级中学，以广西会考第一名的成绩被保送到西南联合大学，1942 年毕业于机械工程系。1945 年参加公费留学考试，赴美国明尼苏达大学农业工程系攻读研究生。1948 年回国后，一直从事农业领域的工作。1956 年起，任职于中国农业科学院。1962 年，任中国农业机械化科学研究院副院长，主持我国农业机械化的研究。后任中国农业科学院副院长、中国农业工程研究设计院院长等职，对推动我国农业机械化建设和农业工程学科发展，做出了重要的贡献。他勤于钻研，有《我国农业和农业机械的历史发展和现状》等论著。晚年撰写回忆录《沧海寻踪》，追忆跌宕起伏的人生经历。其中有关陶氏先世的追溯，可以帮助读者了解陶氏家族的历史，认识家族文化修养对族人潜移默化的作用。尤其是七七事变之后，父亲陶述曾在重大工程中任职，他在河南、广西、云南求学，父子二人有几年皆在云南，所叙之事可以互相印证、互相补充。编辑部的这种安排，是颇具匠心的。

对读陶述曾、陶鼎来父子之作，抗战期间广大人民的痛苦更让人感同身受。千千万万的同胞流离失所，悲惨万状，转死于沟壑者难以计数，人命贱于草芥，是中国数千年旷古未闻的一场大劫难。在陶氏父子的记录中，也有各地人民不屈不挠的抗争，反映出战争的伟力存在于广大的民众之中。而战争的走向正符合他们内心的趋向：中国人民不甘做亡国奴，拼命相搏，坚持打持久战，由相持到反攻，加之国际反法西斯阵营的互相支援，终于战胜了不可一世的日本帝国主义。这是中国人民第一次取得近代以来反对外来侵略的胜利，也成为中华民族走向复兴的历史转折点。

而今，站起来的中国人已经享受了70多年的和平生活环境，并在一穷二白的废墟上全面建成小康社会，民众安居乐业，家给人足。这种奇迹般的成就并非上天注定本该如此，和平和幸福是靠无数人的辛勤劳动和无私奉献换来的，其中也包括抗战期间三千多万生命的浇灌。前事不忘，后事之师。为了长久保持安宁局面，享受美好生活，必须万众一心，继续增强国力，吃苦耐劳的精神永远不能丢，敢于攻坚克难的胆魄永远不能失。这层意思如果借用几句口号性的语言来表达，那就是：苦不苦，想想铁蹄下的四亿五；累不累，想想抗战老前辈。以这种居安思危的眼光来实现我们的远大目标，早日全面建成社会主义现代化国家，陶氏父子记载中的残破景象就绝不会再重演。陶氏父子若泉下有知，当不以吾言为忤也。

是为序。

周国林

2024年10月28日

序　二

华中师范大学出版社学术出版分社魏耀武社长知道我对近代日记、史料文献较有兴趣，告诉我准备出版《陶述曾日记·耿马之行（1942）》（以下简称《耿马之行》），嘱我作序。听到这一消息，我既开心又惶恐。开心的是能及时阅读新的研究史料，惶恐的是完全不知道陶述曾是谁。《耿马之行》写的是什么？当收到耀武兄发来的日记整理稿，特别是拜读周国林老师的序言后，心中更是充满惭愧。作为修读中国近现代史专业的学者，尽管对近代鄂东名人、鄂东文献较为留意，竟然对陶述曾这样重要的人物如此孤陋寡闻，实在不应该。为了认识和了解陶述曾，我集中时间阅读了日记、相关史料和研究成果。

近代鄂东地区名人辈出。原属黄冈、新中国成立后划入武汉市的新洲区，自然也不例外，其下辖的今仓埠街道便是典型代表之一。如萧耀南、徐源泉、万耀煌、夏寿康、陶述曾及胞弟陶希圣（名汇曾，字希圣，以字行）等，都是新洲仓埠人。《耿马之行》的发掘和出版为我们重新发现、深入研究陶述曾提供了新的史料与新的契机。

陶述曾，字翼圣，1896 年 3 月 9 日生，1993 年 1 月 19 日病逝，享年 97 岁。从本书周国林教授的序言、附录以及其他公开的史料来看，可以说，陶述曾是 20 世纪中国历史的见证者、参与者与推动者，在重大历史抉择的关键时刻，他都做出了正确的选择。陶述曾的父亲陶月波（1868－1921），字炯照（另作月舸），受张之洞赏识，被选入武昌经心书院读书。光绪二十九年（1903））7 月 10 日，陶月波参加经济特科考试，列一等第四名，姓名载入《明清进士名录》，随后在夏邑、新野、洛阳等县任知县。辛亥革命爆发后，陶月波、陶述曾父子均积极参与革命政权的建设。陶月波任武昌军政府财政司秘书；陶述曾则入武昌革命军政府将校补充团受训，于 1912 年春考入武昌军官学校工兵科学习。1949 年初，在武汉地区即将迎来解放的关键时刻，陶述曾接受中共中央中原局地下党的安排，不仅秘密组织汉冶萍公司冶炼厂、华新水泥厂等重要企业的管理层和技术人员的开展护厂护矿斗争，同时以国民党湖北省政府建设厅厅长的身份为掩护，参与了湖北工业和其他重要设施的保护工作。

新中国成立后，陶述曾为国家建设做出了突出贡献。

他历任武汉长江中游工程局总工程师，武汉长江大桥设计委员会副主任，湖北省交通厅厅长、水利厅厅长、副省长等职。他还先后当选为政协湖北省委员会副主席，湖北省第六、七届人大常委会副主任。正如其生前出版的《陶述曾传》所云，他是湖北政坛颇有影响的爱国民主人士。陶述曾还短暂担任过河南大学、武汉大学土木系教授，为国家培养了大批工程人才。回顾陶述曾的一生，可以说，他最重要的身份就是土木水利工程专家。陶述曾去世以后，新华社的报道称他为“杰出的水利工程专家”，回顾了他在抗战胜利后担任黄河堵口复堤工程局总工程师的经历，称赞他“坚持真理，维护了黄泛区人民的根本利益”。1954 年夏，长江中游发生百年未遇的罕见特大洪水，他任武汉市防汛指挥部总工程师，撰写《防汛与抢险》小册子，在防汛抢险中合理运用科学技术，为夺取武汉防汛斗争的胜利做出了重要贡献。陶述曾是当代中国水利工程的规划者、建设者，他参加了国务院召开的三峡选坝现场会、三峡工程可行性报告论证会及黄河流域规划会议。1982 年，他整理出版了学术专著《陶述曾治水言论集》。陶述曾治水的业绩近年来开始受到学术界的关注，并产生了初步研究成果。

陶述曾不仅是杰出的水利工程专家，还是杰出的土木工程专家。1941 年国民政府资源委员会编辑的中国首部《中国工程师人名录（第一回）》，陶述曾赫然在列。1993 年陶述曾去世后，新华社报道肯定了陶述曾于新中国成立前在土木工程建设方面取得的成就，报道中说："抗日战争时期，他以国家利益为重，不畏条件艰苦，不顾个人安危，辗转于大半个中国，以满腔爱国之情积极投身公路、铁路、桥梁、机场建设。"比较可惜的是，由于他在新中国成立前后突出的水利工程成绩，很多人遗忘了其在铁路、公路、桥梁、机场等土木工程方面做出的杰出贡献。在湖北省民革工作人员为陶氏作的小传中，简要介绍了他在土木工程方面的成就，如全面抗战爆发前任海南琼崖铁路工程局第一测量队队长，测量海南的第一条铁路；全面抗战期间，几乎全部参与了湘桂铁路、滇缅铁路、中印公路、昆明飞机场等重要交通建设工程，历任湘桂铁路灵川桥工处主任，滇缅铁路总段长、副处长，中印公路工程处副处长、总队长，昆明飞机场工程处处长，直至出任军事委员会工程委员会副处长、处长、副总工程师。在《耿马之行》刊布前，我们也注意到《陶述曾传》曾花了三章篇幅介绍陶述曾的土木工程建设生涯，特别是第五章以文学笔法生动叙述了陶述曾参与“滇缅筑路”工程的艰辛历程，包括铁路大征工、勐拱历难、逃难血泪等。《耿马之行》的刊布为我们重新发现陶述曾在土木工程建设方面的贡献提供了鲜活、宝贵的实证史料。

《耿马之行》记载了日记作者从 1942 年 6 月 1 日至 8 月 20 日的亲身经历，起讫时间不足 3 月，实在是不能满足我们全面了解战时滇缅公路修筑情况的期望。尽管《耿马之行》记载的不是筑路的细节，而是如何“破坏由自己和两千多生命及一万多民工修成的汽车运输便道”，但是日记从一个工程师的视角，真实展示了滇缅筑路的部分历史场景，因此有着重要的史料价值。陶述曾在《耿马之行》的自序中介绍了其从 1938 年 8 月开始参与滇缅铁路及运输便道的建筑工作，1942 年 3 月 31 日滇缅铁路及运输便道停工，随后开始参与缅印边境公路抢修并部署中印公路的施工，但是到 5 月初中国远征军在缅甸南部战场失利，陶述曾等工程师队伍撤退回国，回到祥云后第三日就主动带队前往耿马破路。《耿马之行》生动记载了作者冒着蛮烟瘴雨、敌人进袭、土匪打劫、土司叛变等危险，亲手毁坏自己费心筑成的道路的艰难经过。日记既表现了陶述曾为国纾难不畏艰险的勇气，也展示了他作为杰出工程师的科学素养与政治担当。除了陶述曾本人以外，日记中也记载了与陶氏一样视死忽如归、慷慨赴国难的工程师、工人，如丢下年轻妻子和年幼孩子，以垂老之年破坏桥梁掩护军队撤退的李显庭副总工程师。无论是筑路还是破路，陶述曾留下的篇幅不长的日记充分展示了中国工程师群体在工程抗战、科技救国中的重要贡献，而陶述曾就是近代2万余名工程技术人员的杰出代表。《耿马之行》的整理与印行，也提醒学术界进一步关注、发掘工程师队伍的日记、文集、档案等文献，只有这样才能进一步推进工程师群体的研究，才能更好地推进中国近代史研究领域的深入拓展。

《耿马之行》不仅仅有助于推动有关陶述曾个人、滇缅铁路、工程师群体的研究，它还在至少如下几个领域具有重要的史料价值。

一是推动抗战时期的边疆史、民族史的研究。

陶述曾明言除了破路外，附带任务“是做滇甸边境各土司的工作”。为什么他能做土司的工作，团结土司一致抗敌？在仔细读完日记后，我们多少明白了个中原因。首先是边境各土司的爱国主义精神。陶述曾在日记中提到抗战增强了民族意识与国家观念，滇缅铁路开工修筑才使得耿马、中缅边境各民族看见国旗，有了对政府的认识。陶述曾在日记中记载了诸多边境土司的爱国事例，如罕裕卿，虽然受不良官吏诬陷叛变仍坚信“中央不会忘记我们”，并声明“哪一个敢私自和降敌的汉奸们通信，我先杀掉他再向中央报告”。其次，边境各土司对陶述曾的信任。日记显示，在滇缅筑路中，陶述曾代表铁路官方与各土司在招工等交涉、合作中结下深厚的友谊。他尊重、相信土司们的爱国信念，特别是对于缅甸境内的土司，陶述曾强调在异族侵凌的时候，“英国既然无力保护他们，中国政府和中国人民为血族的关系不能不关怀他们的安危”。他对同事说：“这几位土司有的和我很熟识，有的和我常通信，至少也知道我的为人，他们都是很有义气。凭个人的私谊，必肯接受联络，所以你们的任务虽是艰苦，但是直接遭遇敌人以外不会有危险。”事实的确如此。正是在陶述曾的努力下，耿马土司们积极参加七七抗战五周年纪念会，纪念会的召开取得了实质性成果。组建耿沧区、怒江区游击支队，组织边区通讯网和递步哨，清查户口防止间谍，派坐探往缅甸敌后工作，组织运输队为军队服务等诸多切实的工作方案，逐一得以通过。甚至，土司们打破“关门节”不出门的习俗，凭着对中央和陶述曾的信任，随同陶述曾进省。

二是推动抗战时期日常生活史、情感史等领域的研究。

章开沅先生在解读《朱峙三日记》时曾建议要用心读有心人的日记，朱峙三是有心人，在学界的共同努力下，《朱峙三日记》的价值日益受到重视。陶述曾也是有心人，《耿马之行》虽然篇幅不大，但内容丰富，也值得学术界高度重视，充分发发它的史料价值。今年是抗战胜利 80 周年，抗战史也成为学术界高度关注的热点研究领域。《耿马之行》丰富的内容，值得有心人从多个角度推进抗战史研究，除上述提及的工程师群体、战时交通、边境土司、边政观察等可能的研究突破外，还可依据日记中的丰富内容，在日常生活史、情感史等领域开展新的研究尝试。比如关于逃难难民，陶述曾日记就有很多篇幅的记载。在出姚关大约二十里处，陶述曾遇到三个逃难的筑路民工，说话和走路“颤巍巍地，没有力气”，表情在哭诉但眼里没有泪，陶述曾给了他们每人三十块。简洁的文字令人动容。随后，陶述曾又见到蜷缩在路边、身上集着大群苍蝇的垂死病人，陶述曾给了他六十块，后者勾了一下脖子表示叩头却无力站起身。读了这些文字，战时难民的不幸，让人痛心不已！《耿马之行》中记载了一位忠于朋友所托、一路带领友人妻小逃难、盘缠用尽的中年华侨，他在陶述曾一行没有赶马人进退两难之际，主动应聘上岗，将所得酬金及卖掉随身携带的橡皮枕头所得的400元全部交付友人之妻。这没有留下名字的华侨，朴实而崇高，让后人敬仰。《耿马之行》还记载了陶述曾对边境民风、民俗的观察，均极生动，都有待有心的读者细细品读，在此就无需赘述了。

有心人的日记需要有心的读者有心地读，当然也需要出版社有心地进行编辑。搜检相关研究成果，《耿马之行》的发掘其实是早在2003年已经开始。耿马傣族佤族自治县档案馆的吴泽先生曾介绍，其馆藏《耿马之行》手稿经由抗战时期陶述曾下属、参与滇缅铁路建设的盛胜保之妻邵芳女士搜集得到。此外，《耿马之行》日记也曾在湖北省政协文史和学习委员会《湖北文史》2006年第1、2期连载。不过，非常可惜的是，除了《耿沧抗日自卫支队》（吴泽，《云南档案》2005年第4期）、《陶述曾〈耿马之行〉概说》（王先安、胡鹏飞，《西南古籍研究》2016年）以及本书附录的两篇论文外，缺乏更多的研究成果，这极令人惋惜。我们相信，本书的出版将会为学界的利用提供极大的便利，也相信将会涌现出更多的高水平研究成果。当然，加强陶述曾的研究，并不能满足于《耿马之行》一书，我们还应当发掘更多的相关史料。从陶鼎来的回忆中，我们注意到邵芳保留了盛胜保的100多封书信，涉及陶述曾事迹、滇缅铁路建设等鲜活的内容。除此之外，陶述曾在近百年的生命历程中，参与了很多大事，公私交往广泛，相信还有很多档案、资料有待发掘。期待耀武社长继续努力，继续整理、出版更多与陶述曾乃至陶氏家族相关的资料，以推动对陶述曾先生的研究不断走向深入，这是对其作为一位杰出爱国工程师最好的纪念。

付海晏

2025年初夏于桂子山

自　序

抗日战争自卢沟桥事变后不久，全国一万多公里海岸线上所有港口都遭日寇封锁或强占。为了维持美英路线的交通运输，只有向西南邻邦借用港口及港口腹地交通路线。同时，中国自己必需修筑必要的路线与借用路线相衔接。第一个借用港口是越南的海防。借用陆上路线有两条：一是海防—河内—睦南关，中国自己兴修湘桂铁路，在睦南关附近的凭祥接轨；二是老街—河口—昆明，这是早已通车的滇越铁路。

海防离中国近，容易被日寇封锁。曾养甫、杜镇远以及许多铁路专家预筹第二个借用港口，缅甸的仰光及仰光—曼德勒—腊戍铁路，中国则兴修自昆明西行九百六十多公里的滇缅铁路，到孟定国界与之相接。

在抗日战争的过程中，越南海防和缅甸仰光两个港口先后被日寇攻占了。一九四二年春，借用印度的加尔各答港口和此港口至印度东北角上利多的铁路。同时计划修利多经缅甸的孟拱至滇缅公路的宛丁站，是为中印公路。我于一九三七年十月参加湘桂铁路工作。一九三八年八月调滇缅铁路工作，先任无量山东麓到澜沧江东岸一段的总段长，一九四〇年四月初调滇缅边界一段，即第二十总段段长。总段的办公地点设在孟定。

一九四一年四月，关于借用仰光港口及缅甸铁路问题，中英达成协议。滇缅铁路局决定当年雨季过后大开工，把缅甸的兴威—滚弄间的公路单行线扩宽加固，滚弄—孟定间的驮马路改建成正式汽车路；任务交给二十总段负责。

时值雨季，虽有医护人员和药品，但仍然瘴疟横行，死亡率极高，工人大量逃散。从六月至十月中旬，计死亡一千二百余人，逃亡一千三百余人（估计这些人也逃不出瘴区），工地剩余一百余人，汽车路修到孟定街了。

一九四一年十月下旬，二十总段补充干部成立运输便道工程处，任我为滇缅铁路第一工程处副处长兼运输便道工程处主任。运输便道路线西起孟定街，溯南定河南岸，经孟润、犀牛大寨、孟撒到孟勇，共计约一百五十公里。一九四二年三月下旬，便道已畅通到孟勇。

三月三十一日，曾养甫宣布滇缅铁路及运输便道停工，调我任缅印边境公路抢修队总队长兼第一工程处副处长，前往孟拱查勘并部署中印公路的施工。我于四月三日到达孟拱。

五月初，中国远征军在缅甸的南部战事不利，我们遂于十日乘火车撤退回国，沿途辗转，于五月廿七日回到云南祥云。这本日记《耿马之行》就是记的我回到祥云第三天以后的事。

我到耿马的主要任务是破坏由自己和两千多生命及一万多民工修成的汽车运输便道。这个任务用了不到二十天就完成了。我的附带任务是做滇缅边境各土司的工作。驻在耿马，指挥较为方便。

是为序。

陶述曾

目　　录

一、出发前 …………………………………………… 1
二、从祥云到保山 …………………………………… 8
三、从保山到大寨 …………………………………… 22
四、工作时期 ………………………………………… 62
五、回程 ……………………………………………… 107
六、煞尾 ……………………………………………… 120
附　　录 ……………………………………………… 129
陶述曾之子的相关回忆 ……………………………… 131
陶述曾《耿马之行》简论 …………………………… 190
著名水利专家陶述曾的治水人生 …………………… 216

一、出发前

三十一年六月一日

祥云的夏夜像秋夜一样凉爽。从缅甸分批撤退回来的朋友们聚集在海平住的小楼上，高谈着各人在路上危险而有趣的经历。我是昨天刚到祥云的，在缅北野人山中逃窜的天数最多，我的描述成了谈趣的中心。大家正眉飞色舞地听我说到伊拉瓦底江畔美丽的野姑娘时，公役送来一张特急电报，写着：

…………

(1) 沿线瘴气正烈，工人马匹难雇。

(2) 敌情紧急，无兵掩护，工作难期完成。

(3) 边区情况不明。

(4) 携款及工作人员不敷。以上困难请派大员前来主持解决。

曾养甫先生

职详

洪东顺

这简短报告像窗隙的凉风似的顿时把屋内热烘烘的空气吹散，大家沉寂下来。海平马上拿着电报往楼下，用电话向住在弥渡的曾督办①报告。楼上的人们静悄悄地听着：

“喂！是督办吗？派往孟涧去的破坏队已经到了顺宁。那两个工程师王振祥和谭荫洪来了电报，说前途瘴气大，又没有军队掩护，土司地情况不明，在顺宁雇不到工人，也找不到驮马。他们带的十万块钱也不够，工作人员少，请派大员主持。”

“……”

“本来老早就听说滇边土司们都投了敌人，他们不敢冒然闯进夷方也难怪。”

“……”

“好吧，不过他才回来两天，肯不肯去得问问他。”

我听到这里，暗想：“不好，这趟苦差要落到我头

① 曾督办，即曾养甫（1898—1969），广东平远人。1923 年北洋大学矿冶系毕业，时任滇缅铁路督办公署督办、交通部部长兼军事工程委员会主任委员。

上。”果不出所料，海平上楼来，怏怏地向我说：

“督办想请你辛苦一趟。”

“好吧，我去。”我怅然地答应。大家都默然用惊异而感动的眼光注视着我。屋内的空气被我两人这简短低沉的声音弄得更显沉闷。海平匆匆下楼，从电话中回了曾督办的话，上来向我说：

“你的身体吃得消吗?”声音像是忍住叹息发出来的。

“大约可以吧，不要紧。”我说。

“哪一天出发?”他问。

“这事很紧急，明天就走吧。”我说。

“明天就走?太匆促了吧!您不说要往昆明去看老太太吗?”在座的白绍莲这样问。

“只好不去了，”我说，“委员长和昆明行营催促派员破坏这条路的令都很紧急，如果办迟了，万一从这条路上出了毛病，我们的责任太重了。”

在座的邹峻五说：“老太太和你的太太走时非常着急。你好容易脱险回来，不去看看，老人家更要耽心。你往昆明去一趟，马上就回祥云出发不好吗?”

我说：“你不是打了两个电报告诉家母说我已经脱了险吗?我再写一封信去，她看见我的笔迹就会放心的。”

“你这样的精神真难得!”海平叹息着说。

海平是主管长官，又和我是共过患难的同学，本用不着客气。这时我体会他心中有无限的感动，不能自已地流露出这几个外表很客气的字来。这时在座的刘梦九、陈亦农、陈嘉宾、林耀北都没有说话。我同时体会到他们心中的激动也正和海平一样，真挚的友情是可以“感通”而不必用技巧的言语来表达的!

为打破沉闷的空气，我提出调用工作人员、拨款、备车等问题。原来轻快的闲谈会顿时改作很严肃的一个重要会议。各人指定调派同我去的员工，一面通知这些员工准备明天出发。

这消息传播得很快，不一会被指派的职员们都集中在楼下。还有几个自告奋勇愿同去的。我原打算只带七八个人去，结果倒有十二个要去。我应允了。叫他们各带极简单的行李，明天下午两点钟上车。另外有许多朋友来到楼上向我慰问，餐桌四周密密地围坐着两层人。谈话并没有增加热闹，我此去前途的困难和危险是大家都知道的。这聚会外表虽像严肃冷静，但各人内心都藏着恋恋的热情，一直到十一点钟才郑重道别分散。

我独自在静寂的灯下给在昆明读书的儿子和侄女写了

一封信，叙述从缅甸回祥云的经过，说明此次奉命西行在我应当没有危险，末尾叫他们安慰祖母和母亲。我本想也给妻写一封安慰的信。妻是亲自在夷方打过雨水的，她知道瘴病是怎样痛苦和危险，我此去除瘴气外还冒着敌人进袭和土司叛变的两重危险，料想她认为我是“一去不复还”的吧！安慰的话她不会相信，而我又不肯“泄气”写一些生离死别的缠绵语句，所以提起笔来又放下，上床时钟上的短针正指着一点。

二　日

天气阴凉，召集同去的职员安排起程，又找到了二十名熟练工人同去。下午收拾行李，我原有的行李和衣物在孟拱回国途中早已丢光了。妻从祥云往昆明时，祥云正盛传着我被敌人俘虏去的谣言，又每天有空袭警报。她急于送母亲走，焦急忙乱之中竟没有给我留下一点衣被。

我只得向公家领一套被褥，拿了海平的一件旧布制服，借了一顶蚊帐。此外只有一件黑皮上衣，一把牙刷和一块毛巾，共捆成小小的一卷。下午两点钟，所有员工和行李共装了一辆卡车起程。送行的朋友们带着勉强的欢笑站满在街边，我在车上走过了鼓楼还看见他们招手。

二、从祥云到保山

六月二日下午从祥云到弥渡，见着督办，他另派路警总队六位长于政治工作的人员随我去。他说本路的器材房产留在边区的很多，现在只有仰仗地方的力量来保管。政府以前在边区没有政工基础，此次应当下一点功夫联络各土司，使他们对于中央效命，则保管器材的问题就附带解决了。他又说我这次冒着蛮烟瘴雨去一趟不容易，应当趁此利用过去和地方上的感情替国家多做一点事，如果联络的任务能完成，我们的主要任务——破路工作的进行也可以顺利，个人的危险自然减少。

我对于这项附带的任务颇感兴趣。三日的上午约那几位政工人员会谈了前途的大概情形和工作进行大纲，他们对这个任务都非常兴奋。

在街上遇着粤汉路的一个老工头，他愿派人跟我去，我答应带四十名。

四日上午同祥云招来的二十名，交由夏策和同事们带领出发，乘汽车赴公郎，再步行到顺宁，会同王振祥那一班人往工地。

我在弥渡办理清护照、领款，拟办请近边各县征工的公文，五日才一切妥当。上午九时同政治指导主任陈毓汉、工务员李廷瑞带一个公役坐指挥车起程。中午到下关，适逢本路的转运站没有汽油，向各机关借买不着，跑到大理也没有办法。在大理买了一点办公用品和捆行李的油布，住了一晚。六日早晨司机才找着路子，花一千七百元买到五加仑汽油，马上起程。

离大理时落着细雨，苍山顶上，浓云空隙闪耀着积雪。过下关后顺洱水峡谷西行，扑面凉风夹着密雨点，指挥车上油布棚遮不住，衣裤尽湿，浑身起栗。到漾濞江边气候才转温暖。下午到永平，在转运站加足了油。六时过澜沧江的昌淦桥。晚九时才到板桥。

下关以西各站情形很萧条，无复平时熙攘的气象。公路上往来的汽车很少，路旁翻倒的汽车却非常多，缅甸牌照的小包车尤其多，有些是可以救起来修理的。从五月初缅北撤退到现在已经一个月了，这些军事上需要而国内没有的物资竟还放弃在路旁，没有人管，我觉得非常凄惨。

板桥是保山城东□□公里的市街，这时竟还有几家饭

板桥镇街景

馆点着汽灯做生意。我们吃了一顿颇舒服的夜饭，找着一家马店住下。

七 日

在附近的小村里找着本路驻保联络员王总队附，他领我和陈毓汉到北山坡的一座庙里去见宋希濂将军。庙在丛密的森林里，地势不高，却可以看见整个的板桥坝子。离庙二十步远有一个武装整齐的哨兵，向王行礼后问明来意，就让我们过去。我们循林内小径走进庙门。宽敞洁净的院子，北边就是五开间的大殿，并设有配殿。大殿檐下台阶上立着一位军官正向天空眺望，他瞥见我们就打招呼。王趋前敬礼后向我介绍，这就是宋将军。出乎我的意料之外，目前担任缅边防务重任、前线正在作生死搏斗的总司令部，门禁简单到如此地步。

宋将军年纪只有三十几岁，中等身材，圆圆的白胖脸，结实身体穿草绿哔叽便军服，脸上和服装上没有一丝皱纹。他用柔软而有力的手和我们握过之后，让我们走进大殿右手房里。房间很宽大，墙壁窗户都粉糊得洁白。南窗下摆着一张毫无摆设的方桌，三张木靠椅，西墙边摆着一张藤椅，一张办公桌。桌上只有一笔、一砚和一罐纸烟。东墙上挂着一大幅包括滇西和上缅的英文地图。我们坐下后说明了此来的任务，递上公文。他叫勤务找了一位秘书来，把公文交给秘书，嘱咐照办，然后谈起滇西沿铁路线的形势、气候、民情等等。他说话不多，但足以表示对这一线的情形很熟。他问我掩护工作军队应驻的地点和破坏工作的计划，我指着地图说明，他很虚心地接受了。正谈间，来了一群敌机在板桥上空低飞扫射。我们随宋将军到殿门外看，候敌机飞去，告辞下山。临走时他向我说："希望以后多多联络，边地土司和那一线的敌情请你随时告诉我。"

回板桥吃午饭，廷瑞说敌机来时他躲在街头的桥下，离他十步以内一个女人被打死了，河边树林里死了一个男人和一个小孩。

下午同王总队附去访参谋团。在车上他向我说林蔚文[①]团长是一位和蔼可亲的长者，团里有一位S处长[②]却

---

① 林蔚文，名林蔚（1889—1955），浙江黄岩人，国民革命军二级陆军上将。时任国民党军事委员会驻滇参谋团团长。

② S处长，即萧毅肃（1899—1975），四川蓬州人，时任军事委员会驻滇参谋团参谋。

只知道摆官架子，不听事实，他说：

“那样的家伙你最好少和他说话。”

车离开公路，走进一片松林，沿吉普路走了三五分钟，路旁有几间小屋，像工厂里的办公室。我们下车循着林中的小路步行了半里，又有这样的小屋不规则地散筑在山涧的溪边。屋外看不见一个人，一望无际的疏林，衬托得这些屋子格外幽静。王领我走进一间屋里，这是小三开间的堂屋，中间摆着方桌和木凳，后墙上钉着小张拼起来成大幅的军用地图，下面摆着一张条桌，乱堆着一些像公文的东西。靠左墙一张行军床上斜躺着一位四十左右的军官。王走上去敬礼，这位军官似乎不大理会。等王向我介绍说他是S处长时，他才勉强坐起来，向我翻着白眼。我向他说明了我的任务，最后我说：

“因为林先生是这方面的最高幕僚长，所以来请指示。”

他说：“你这任务很重要，假如敌人从这线上窜进来了，你应当负责任。”

“我知道这任务重要，”我说，“不过这一条路是我负责修的，最难的工段从开工到通车也没有超过二十天。破坏以后敌人另新修一条路也不难。我以为这一线有派兵设防的必要，仅用破路法阻止敌人前进是不可能的。”

他说：“破路必须破得彻底。化路为田，化路为林，使敌人看不见。”

我还要和他辩说时，王做眼色阻止我。恰好林团长和一位姓马的工兵指挥官①走进来。经王介绍，我转向林团长说明我的任务。林将军年纪五十以外，矮矮的身材，穿着便军服。脸上有风尘色，神气像一位工程师或大学教授，慈祥厚重，丝毫没有一般军人的粗豪气。马指挥年纪将近四十，魁梧躯魄，有亢爽气，像一位北方人。当下林很客气，请我把路线画在马指挥手上拿的地图上，并把各段的情形加以说明。我改正了图上的几点错误。对于破路计划，我说：

“全路凡经过坝子的地段，雨季全是滥泥，路基不挖也不能行车。干季中路基以外的田坝却又到处都能跑车，挖掉路基仍然不能阻止敌人前进。目前坝子里瘴气太烈，我以为无须牺牲许多生命去破坏。山坡上太容易修复，或另筑新路也极容易的地方破坏也无益。我打算选择山坡最陡、工程最

---

① 姓马的工兵指挥官，即马崇禄（1902—1998）。生于云南大理，早年毕业于日本陆军士官学校工兵科，时任中国远征军工兵总指挥。

难、短期内不能修复或不能绕筑他线的地方破坏。”

林说：“这样也可以。”

“那不行，非澈底破坏不可。”S 处长插嘴。

“可以分步骤办，”马指挥向我说，“先就你说的最难修复的地方破坏，随后再破较容易的山坡，最后再破田坝里的路。”

“彻底破坏自然好，”团长调停地说，“ 但工作可以分步骤做。”

我说：“化路为田，化路为林，不是短时期所能办到的，我只能担任破坏最扼要的地方。至于田坝和平山坡路，我可以叫地方农民长期破坏。”

团长说：“这样也可以。”

谈话就此打住。我们告辞出来，在路上遇着空袭警报，各村庄都敲锣。我们离开车，坐在一片坟地的草皮上，想起刚才的一幕，有点怅然。在“和事佬”样的团长之下，有这样毫无科学头脑的颟顸处长，前方将领的行动恐怕免不了困难吧！

板桥一带正流行着强烈的霍乱，随时随地看见抬棺材，听见哭声。我在坟地坐了四十分钟，看见公路上抬过去三具棺材。晚上在小馆里吃饭，真是提心吊胆。

保山古城大北门

八 日

上午到王总队附的办公室闲谈，又有警报。午间总司令部送来给驻镇康杨团长派兵掩护工作的命令和请近边各县征工的公函。我下午由板桥迁到辛街，路过保山城。平时这二十四公里间公路，汽车头尾衔接，城南门外饭馆日夜总是拥挤不堪。今天只见路旁卧倒的车辆不少，南门外一片焦土，堆满烧剩的汽车骨骸，还有尸体臭气，一匹野狗在断墙角落瓦砾堆中爬寻。南城壕桥外房屋没有烧，但阒无居人。飞机场附近的公路基已挖平了一大段，但我的指挥车没换挡就走过去，我以为是扩大飞机场哩。据王说，这就是彻底破路的“还田”法。

辛街办事处门外水田里横七竖八躺满了穿了小窟窿的汽油桶，空地上停着一辆卡车，院里满是破纸堆。我上楼在一间黑魆魆的房间里寻着周主任，他和朱国鼎课长，还有一位同事，三人坐在床板上闲谈。三架床板上各放着一卷捆好的行李，此外一无所有。我们相见，寒暄了一阵，就互询着从缅甸逃回来的经历。惠通桥的炮声，隐隐地随夹着雨点的凉风穿过破纸窗飞进来。从窗户看出去，这古庙院落四周的房屋都关闭着，一个个黑洞洞的窗户里显得像有鬼似的阴森。

去年八月我从这儿经过往孟定时，这个机关正因本路开始赶工，工作非常热闹，布置齐整。楼上楼下住满了人，母亲和五妹都住在这楼上。老人家亲手煮菜给我吃，我临走时，她不忍见我重走夷方而老泪纵横。我也含着眼泪上车，不敢回头看。那正是雨季要过，国军准备入缅远征，大家对抗战极抱乐观，对本路兴高采烈的时候。今天的情形怎样呢？不提国难更急，就我个人说，我是冒着蛮烟瘴雨去到敌前，亲手毁坏我自己曾费心血筑成的路。假如母亲还住在此地，她该是如何难过啊！我不敢多想下去，胡乱吃了几口晚饭就睡了，窗前细雨和怒江两岸的炮声把我引入乱杂的梦境。

九　日

天将发亮，大雨的檐溜声把我惊醒。昨天临到辛街时车后轮胎炸了一个，当晚没有找着补胎胶，今早是不能起程的了。我勉强再睡一会，起床叫司机找补胎胶。大雨一直落到下午才停，胶也没有找到。辛街的商店全关闭了，居民大部分搬进山里去。

表侄卢华耀在辛街本路运输站上当职员，新近才结婚。他请我到家里吃午饭。新娘只有十八九岁，小巧伶俐，做的饭菜很不错。她的父亲是辛街的自耕农，因为他这个女儿颇有点漂亮的名气，前月惠通桥战事吃紧时，他耽心万一保山沦陷，女儿没法安顿。他见华耀年青诚实，又在汽车站上管调拨车辆，有事不愁没有车坐，他就托人把女儿说给了华耀。华耀是穷孩子出身，从小没有机会上学，凭自己的聪明和努力得到这个位置。上月保山混乱，大家撤退时，他被派在站上留守，不想竟得到这个合乎理想的老婆。午饭后新娘的父亲从田里回来，向我说了许多新亲家应说的客气话，又谈了许多田头地尾、春麦秋豆的农家习惯和技术，一个下午就这样过去了。

周主任请吃晚饭，鸡、南瓜、洋芋、蕃茄、猪肉、菠菜，合煮一大锅，连锅搬到桌上，大家围立一圈吃喝，颇有逃难的风味。

惠通桥

十　日

雨继续落着。我花三百八十元买到一筒补胎胶，把轮胎补好。下午雨住，开车往顺宁路上去。保顺公路没有铺石渣，久雨初停，路面软滑。只开了三四里，车就陷在泥里。这部指挥车的前轮转速箱坏了，又没有轮链，没法爬出泥坑。当地人民大部分躲进山里去，我们费了一个钟头工夫才找着几个农民把车推出来。适逢迎头走来一位军官，说前途路面的情形更坏，没有走过去的可能，我们只得折回辛街。雨季晴天少，这条路何时能走通不可知。我决定舍弃顺宁，一直奔镇康。马上拍电叫顺宁的员工也往镇康相会，一面托辛街的保长找马。晚上保长来说雇马绝对没有人肯去，只得封。每匹每天给脚力七十五元。随后保丁牵来两匹骨瘦如柴的马，说明早还可以封到三匹。封的马自然没有好的。好在我们的行李少，人又能走路，马不好也不要紧。

三、从保山到大寨

从保山经过镇康到耿马属的大寨，干季旅行可以破站露宿，旅程只需七天。雨季按站走，要九天。镇康、大寨间的孟涧坝子固然是有名的瘴区，保、镇间的枯柯坝子瘴气之烈也不在孟涧下，而土匪之多，更足使行人裹足，但这是我们到工地最近的路。我决定这样走后，第一就考虑到保护问题。枯柯坝子是保山、顺宁、镇康三不管的地方，三县平时就都不肯派兵保护行旅走过。这时找保山县府派兵大约更难办到。我想雨季中这条路差不多断绝行人，土匪也未必敢冒着瘴气下明知没有鱼的罾，所以我决定不找兵保护。

十一日

我们很早就起床催保长封马，等到九点，保长才送来三匹很健壮的划背骡子。连昨晚的两匹瘦马，已经够用了。又等了一个钟头，马主才背着驮鞍来到，马主是三十几岁的壮健大汉，一进院子就向保长大发脾气，嚷着：

“×你妈，当保长太不懂人情。你要马应当向我商量，不该不声不响拉了走，吓着我家孩子。我什么差事不帮你的忙？大公子要马驮洋烟，我一样不说，就赶三十匹到腾越去应差。现在为三匹牲口就不留一点面子，下次你可要我帮忙？”

“×你妈！”保长大叫着，“这次要三匹牲口你就不想去，还讲下次！”我赶快调停说：“不要嚷吧，我这次是替军部作工，不去不得。我还是按铁路上的规矩，公公道道地发脚价。回来时给你护照，军队不会在路上截留你的牲口，你放心。”

马主回头向我说：“我愿意替铁路驮脚，去冬今春我就是替三总段驮米驮材料，滚弄、孟润都到过。现在瘴气正‘老火[1]’，又是兵荒马乱，赶马人给生金子也不敢去。为这三匹马我得亲自赶去，剩下的几十匹就没人管了。保长这次应当找喂三五匹牲口的人家，不应该拆散我这大帮。”

---

① 老火，方言。严重；厉害；事情费力难办。

我说：“你去过夷方更好，今天没工夫再另找马，请你辛苦一趟，路上雇着接替的你就回来。”马主没再说什么，愤愤地捆好两个行李驮，另三架驮鞍垫好毡子作坐骑。这时那两匹瘦马的主人面无人色地跑来，要求保长让他不去。他说老母亲病在床上，恐怕今天就要咽气。保长“噪”了他一顿，叫他请人代替去，他找了一个没赶过马的外行跟我们走。

正午才起程。天气放晴，路上泥很深。出街后我和毓汉、廷瑞骑上驮马，公役小陈和两个赶马人赶着行李驮，沿低平的山坡路向西南走。初骑上驮鞍，觉得高悬在骡背上，手里又没缰绳，很耽心跌在泥塘里。驮鞍像北方拉轿车的小鞍子，只有攀胸皮条和后鞧，没有肚带。鞍上放一个兀字形的木架子。只是放上，并没捆系在马身上。毡子是捆在鞍架顶上的，人斜坐在上面，左脚踏着鞍架左下边的木档，右腿从马背斜伸到马左肩，穿进攀胸绳里紧蹬着。既无抓手，又用不上裆劲，任马驮着自由地走。初上去提心吊胆，走了半天以后就习惯了。上坡下岭也不怕，驮马都是被长途重任压驯服了的，永远平静地走着稳步。记得有一位善骑的人解释杜工部咏马诗：“所向无空阔，真堪托死生。”说是良马无空步，无越出常规的阔步，故能托死生。这真是经验之语。

下午四点爬上一条不高的山岭，望见西南方山脚下的施甸坝子。这是保山县属的第二个大坝子，纵横沟洫，边沿上生着密排的常绿树。田禾茂绿，村庄很密，从树隙中露出些粉白墙的房舍，显着富庶的气象。这里和惠通桥只隔一山，炮声听得更清楚。

五点钟到坝子北端的由旺街，约有二百户人家。房屋相当齐整，街道也宽敞干净，静悄悄地没有行人。我们从上午七时吃过点心到现在，已经很饿。街中间居然找着一家饭馆，年青的老板娘（或者是一位大姑娘）正预备收摊上门，我们走进去吃了一顿很舒服的饭。饭后找了一间马店住下，刚好把被褥拿进屋就来了一阵倾盆大雨。

十二日

天亮起床。向店主分些米、盐和洋芋，又在街上买到二十个咸鸭蛋。吃了早饭，下剩的米菜带着走。天气晴朗，坝子里沙土路经雨潮润，没有泥，穿草鞋走极舒服。走了十多里，遇见孟涧材料厂长孙用屺夫妇，带着一个孩子，步行从对面来，还有一驮行李。他说上月离开滚弄时地方情形已经混乱，沿途有匪。他们和撤退的入缅军同走，而且大部分行李已经在滚弄丢掉了，所以平安到这里。我向他借了一枝步枪和一支土造的“拉七”，虽然每支枪只剩下两颗子弹，也可以摆摆样子。

离别了孙家夫妇，继续向南走，遇见几起由缅甸回国的侨胞，衣衫褴褛，情形很凄惨。另外两起由镇康回来的大老板们，却都有鞍鞯辉煌的骑马和高头健壮的驮骡。我向他们的马锅头商量兑换驮马，他们说好不容易才回到老家，决不肯再往夷方去。

午间到了施甸，这是一条很齐整的街市。街中间跨过一条河。桥上建筑着一间彩绘的房屋。桥南靠西有一座大庙改成甸南中学，门前敞地上立着篮球架。街上家家关门闭户，饭馆都没有开，有少数调防的兵在街上休息。我们拿出自带的米在街头空地上开烧。

午饭后走上往姚关的大路。西边山坡上有大队从大黑渡抽回休息的兵。往南走三四里，田间有许多农妇拔秧草，景象不是保山、由旺一带那样寂静了。四点钟从坝子南尽头走上山坡，路还不算陡。越过分水脊向南下坡，不远就下到一条宽平的冲底，路旁几座村庄里都有土法造纸厂，因想黄昏前赶到姚关，没有参观。顺着冲底小河向南走，太阳落时，路右旁有一座小石岩，高二三丈，长五六丈，生得玲珑剔透。石隙悬下怪树和藤萝，岩脚下泉水汇成三四丈长方的小池，水清澈底，荇藻碧绿，许多黑背小鱼喋嚏①草间。水从路下小桥穿过，灌溉路左一碧万顷的禾田。走过桥南不远，向西转，就进了姚关街。

姚关街道没有施甸洁净宽敞，但铺子都照常营业。正是黄昏上门的时候，街上人也不多。我们住进马店后，出街买了几双草鞋和几斤火腿。

十三日

天还不亮，我被雨声惊醒，催公役小陈起床煮饭。他发见马锅头连马都逃掉了，捆行李的鞍架没有拿走，我赶紧请陈毓汉起来找保长雇马。早饭后保长来见，他是一个二十几岁很精神的青年。他说这几天前方军队换防，马很难找，但五匹总得办到。午间保丁和三个马主送来五匹牲

---

① 喋嚏，疑应为“喋呷”，鱼类聚食貌。

口。内中一匹高大青马非常肥壮，一望而知是一个讲究养马的人家养的。它的主人是瘦瘦的中年人，身穿马褂，口叼翡翠嘴子的“京八寸”旱烟杆，够个小乡绅的派头。另有一匹小海骝骡子和一匹小黑马，毛色油润，也是娇养的嫩牲口，它们的主人是一个十七八岁的大孩子。此外一匹老而瘦的白马和一匹后胯受过伤的老黑马，主人是个瘦小的农人。我们催着捆好行李驮，赶快上路。雨过天青，空气凉爽，夹着嫩甜的禾苗气息。

出街南行半里，东手的山岩下小庙外有一座石台，旁边石碣上题着“烹象台”三个字。据赶马的孩子说，邓子龙征夷方，凯旋到此，烹象劳军，留下这座台作纪念。从外表看这庙的建筑很小巧精致。庙后的石岩也剔透玲珑，庙前有泉水流成小河沟。因为今天还要赶到五十里以外的新寨，没有下马进去看。

一路和赶马的孩子谈话，据他说他是昆华中学的学生，父母怕昆明的每天空袭，强迫他休学回家。他今春曾当民工小队长，到过富坡。四月底停工回家时，民工在沿途死去不少，还有许多病在路上走不动。那时缅边的军讯紧急，只得丢下不管，同走得动的赶回家来。他说明年再修铁路时愿到夷方去服务，但这时请求在前途找接替的马放他回家。

出离姚关大约二十里处，遇着三个病人从对面走来，一个个瘦得像干骨骼。从身上披着的、印有“YBR”字的麻袋，可以认出他们是筑铁路的民工。我问他们，据说是保山民工，四月底从富坡一带收工回家，沿途“打摆子”，把衣服都卖掉了，现在才走回保山地界。他们的话声也和走路一样，颤巍巍地，没有气力。从脸上的表情看出他们是在哭诉，但眼里没有泪。我给了他们每人三十块钱。

太阳挂在西山顶上，我们走到一座四面环山的大村庄。马主们要求住下找保长换马，我不答应，离开村庄继续向前走。路向西南上山，不像来路那样宽了。翻过一条岭脊，缘着高坡前进，两旁渐渐看不见耕种的田地，只有丛密的杂树林。日落时看见路旁蜷卧着一个人，身上集着大群的苍蝇，我下马看，这个人还没有死，他用求援的眼光向我问：

“先生，这是哪处？离镇南还有几天路？”声音是这样微弱，几乎被惊飞的大群苍蝇的嗡嗡声混没。我费力地听明了他的意思后，告诉他此地离镇南还有十站路，我劝他找到一个村庄去养病。他脸上搐扯着，无泪地哀哭，他说：“再往前走多远才有寨子呢？我一文钱不有！”我给了他六十元，鼓励他说再走五里就有大寨子。他勾了一下脖子，表示叩头的意思，但没有力量站起来。

我辞别了他，依然上马赶我的路。天空的晚霞被湿云遮蔽，变成铅灰色。窄狭而泥泞的崎岖山路，在阴暗的树林中蜿蜒。人们的心被前后遇到的四个病人的惨象所压抑，大家都沉默着。马蹄在泥中践踏，时常发出在石块上的滑击声，赶马人偶尔一声吆喝，山谷发出回响，更增加景象的寂静和阴惨。我想起刚才蜷卧林边的病人，想起前天路旁的残骸，想起孟定河边草棚内的腐尸，想起明日要走过的匪窟枯柯坝子不可知的景象。

我心中正有无统绪的片断回忆纷纷掠过，和外界的实景隔离，忽然觉得有一团昏黑冰冷的东西扑到我脸上，才起躲闪的念头，行动已来不及。我从马屁股后跌下来，躺在带泥的石块路上，泥水透过衣服浸进背部和腰际。有人把我扶起来，马已经拖着缰绳往前走了。从路右山坡伸到我头上的一丛荆棘还在摇动，洒下叶上的水点。我身上有几处微微作痛，我伸了伸腰向前走，路很滑，早年砌的石块凌乱地露出泥面。我心中仍然起伏着片断的回忆，两脚本能地捡较干的石块践踢，走不到一里，又滑跌了一跤，肋骨被突起的石块梗伤，左脚窝在石缝里。我被廷瑞扶起来，这一跤却比先前的一跤“老火”，勉强走了几步才能吐气说话。我依然步行下去，这是我的老办法，每逢坠马受伤时，我总是勉强爬起来步行一二里。这样可减少疼痛，又可使受伤处复原加快。

天气黑下来，同行的人马都走上前很远，我和小陈落在后面，从林际看着灰暗的天空前进。我的脚有点跛，肋部很痛。幸而这一段路面还平，没有再跌跤。八点半才到新寨。

“新寨”地名很好听，实际只有两家破草屋。我们的马已经拴进一家院落里，马主正提着锣锅在门前淘米。廷瑞点着洋烛引我上楼，这是三开间的楼房，桁柱的木料很粗大，四围却只有芦苇编的壁子。楼梯口左边角落里已经有三位客人躺着吸“洋烟”，楼中间放着一小卷草席，此外一无所有。我捡了一张不大破的草席，选一块不见屋漏痕的楼板上铺好，展开行李卷躺下，休息受了微伤的肋骨和左脚。

朦胧欲睡时，小陈送上晚饭，毓汉和廷瑞上楼来围坐在楼板上同吃。火腿苦菜汤和咸鸭蛋就白米饭，在这穷乡僻壤也算难得的盛馔了。

饭后有一位吸洋烟的客人向我客气：

“请烧一口吧。”是四川口音。

“不客气，我不会吹。”我说，“几位从哪里来?”

“说起来话长，我们是再世为人啰!”他坐在烟灯旁，打起“摆龙门阵”的声调。

“是从缅甸回的吗?”我问。

“是嘛！我们本来在回片做铁路，四月二十几，老板带我们往缅甸去做公路，走到木邦，就听说个老子的小鬼到了腊戍，木邦街上家家关门闭户，一个老缅也看不见，只有中国工人满街乱穿。街旁停了许多卡车，堆满汽油桶和行李，司机们坐在车里打瞌睡。街南头一间屋门口，许多包工老板们围着一个稀头发戴黑边眼镜的老婆婆脸商量事，情形像是很严重。等一会老板们散开了，分头喊我们赶快煮饭吃，有些路警把一些卡车上的汽油和行李搬下来，乱丢在路边，空车调转头朝腊戍停着。吃完饭，老板叫我们爬上空车，十辆车都上满了人。另一辆车装满了炸药箱子和炮杆，几个工程师和监工坐在顶上。一个八九岁的男孩子抓住车前的挡板哭喊：‘不要车走，不要爸爸去!’两个人拉着他花哄。”

“车旁一大群人围着一位瘦矮有胡子的老先生，一位白胖子、一位三十多岁的太太在说话，我听见白胖子打着我们四川口音向胡子说：‘李先生你放心去吧，我负责招扶你的太太和少爷回弥渡。我一定把你的儿子当自己的儿子看待，你放心。’胡子向那位太太说了几句话就上了车。太太一面流泪，一面说话，我都听不懂。”

“她送老先生上车之后就去拉那个抓着车头哭的孩子，孩子死不放手，她从白胖子手里抢下手杖打了孩子几下才把他打松了手。孩子一离开车头，那辆车就向前开走，所有装满人的车子都跟着向南开。这时老板在车上向我们宣布，说是开往腊戍附近去破坏公路桥。他告诉我们那位胡子是李副总工程师[①]，以前做过铁路局长，现在六十多岁了。他丢下年轻的太太和年幼的少爷带着我们向敌人闯，怪不得将才那位太太和少爷哭得那样悲惨。”

我问：“你们知道是向敌人对面闯，不怕吗？”

“怕哪门？不怕！”他说，“不过李老先生六十多岁，还肯把太太和少爷丢在回国的半路上，领我们走，我们就是心里不想去，口里也说不出。”

“以后怎样呢？”

---

① 李副总工程师，即李显庭，字耀祥，时任滇缅铁路总工程师室的副总工程师。

“开出木邦不远，卡车都停在路边加油，李老先生在路旁一座仓库门外向一个人发火，他大叫着：‘你不肯加来回油，是不是要把这几百人丢在敌人手里？你能负责说我们回来时还有功夫加油吗？’加油耽搁了不少时候。我们的车再向前开时，李老先生还在吵。”

“车开到腊戍坝子，离一座大铁桥不远停住。我们下车，没有看见守兵，也没有看见逃难的华侨和老缅。坝子里没有一样活动东西。老板叫我们等候领炮条炸药，准备下河去炸那座大铁桥。话还没说完，河对岸放来一排机关枪，我们的人倒了一排，大家向后转乱跑。近河岸的汽车打坏了，离河岸远的掉头时也被打坏，接连看见桥上有战车冲过来。我们不敢顺公路跑，只得落荒而走。”

“离开公路大约有十多里，不听见枪响，我们一群十多人集合商议怎样回国，决定了先向东跑回滚弄再说。三天跑到了南遮那，听说滚弄也有小鬼，只得改向东北，在一个小渡口渡过怒江，在麻栗坝休息两天，所有的人都发了瘴气病。麻栗坝有日本人要到的谣言，官和‘红头’们都跑了，我们只得带病上路。沿路死的死，病重的倒在路上，只有我们三个到了这里。”

我候他说完，回到地铺上躺下。从他这一席话，我推想李显庭先生以垂老之年，在回国途中托妻寄子，毅然向敌人迎上去，破坏桥梁，掩护国军退却，是何等悲壮！我在弥渡时听说李先生从木邦出发时油库不肯发给回程汽油，因此和管库人争吵耽搁。上峰对他没有完成任务，颇有责难。这一次破坏工作着手已经迟了，假如加油很顺利，也许任务可以完成，也许他和所率的工程人员牺牲在工人前面，情形是很难说的。

在分工制度下各部分不能密切配合时，直接负责人总是倒霉。像李先生这次任务是放弃据守地的最后工作，关系整个军事局面，关系大量物资的抢运，关系他自己和所率三百员工的生死存亡，但他无权指挥一个管库的。上峰为期这个任务的必然完成，才派了他这位唯一的老将负责，但一个管油的年轻司事就有权大大地减低这任务完成的必然性，这是可怜的矛盾。

一个庞大机关里事权是纵方向划分的，责任范围是横方向划分的，各部门的运用很难灵活，工作效率必然减低。在平时一件事的成功就必须要枉费许多周折，枉费许多公文往复的时间，在事机迫切，时间稍纵即逝的场合，则只有失败。李先生的不能完成任务，是制度使然，不能归咎于他的能力或不努力。

我现在就是在这种制度下做事，我将如何脱去各方面的牵制呢？我应当利用工地的危险环境。在危险环境里没有人能牵制我，任务的完成或失败全看我自己的能力，旁人没有责任。

破窗吹进带雨点的山风，烛光摇摇欲灭。我身上起了一阵寒栗，引被睡稳，腰际微痛。雨声由阵阵的飒飒渐变成均匀的一片，我的冥想也由清晰而渐渐蒙糊。

六月十四日

赶马人不肯再往前走，情愿把马卖给我们。商量很久，出一万六千元把五匹牲口买下，还请他们替我们赶到蛮蚌。新寨是枯柯河北面高山坡上的一个小村庄，高出坡脚大约有一千一二百公尺。我们早晨冒着雨出了村庄，向枯柯河北岸下去，远景被灰色的雨云笼罩着，路在稀疏的松林中像“之”字形往下盘。坡很陡，黄泥经雨，马蹄直往下滑，有时四条腿支撑着滑下三四尺才停止。

我的衣服很单薄，黄卡其布制服，上身加一件羊皮短外套，披一张黄油布当雨衣。山高风紧，又淋着密雨，下半截的单裤一出门就淋透了，冷雨时常从领口里溜进去。本来禁不住发抖，但山路险滑，性命付托在马背上，捏着一把汗往前闯。内衣湿透，不知是汗是雨，身上的感觉也不知是冷是热。昨夜因为到新寨太晚，弄不到草料，马整饿了一夜。我直担心马失前蹄，精神和浑身的筋肉无时不紧张。同行的也都同样现出紧张神气，没人说一句话。路遇山半坡稍平处的高涧槽寨，居民都逃光了。十几家四壁透亮的破茅屋在凄风冷雨中，静悄悄地，连一只鸡犬也没有，景象越显得阴森。我心中颇起了一点凄凉之感。午间下近山脚，离河岸还有一二百公尺高，路经过一座小山头，有稍平的草地。雨已经住了，湿云隙缝里透出阳光，空气有点闷热。我们下了马，把油布铺在湿草地上坐下休息。小陈和赶马人抬下驮子，松开鞍鞯，让马吃草。

湿云很快地散开了，只有成块的白云在深蓝色的天空流动。阳光明快地照遍山头和山谷，枯柯河与镇康河在前左下面的坝子中会合，在碧兰间蜿蜒向坝子西端的峡谷流去，全身反射出鳞片闪光，几座摆夷村舍淡黄色的草顶嵌在河边新绿色的草原上，反映得非常醒目。我忆起一别两个多月的孟定，对这些摆夷寨子心中掠过一点亲切之感。

枯柯坝子是著名的匪区，前途半里以内的遂通桥头就是绿林豪客们常利用的陷阱，去年梁绰余、林启贤就是在此地被洗劫了的。这季节虽然已是瘴期，又是“兵荒马乱”行人绝迹的时候，悍匪们未必料到还有大胆的“牛子”经过，也未必敢冒瘴做“买卖”。但我们总不免有点耽心，这点单薄的衣被如果被劫了去，往前去几天之内是无处购买补充的。我们不等马吃饱青草，就赶紧备好鞍鞯牵着走，我把手枪装好仅有的两颗子弹，紧握在手里。

顺路从小山头的东坡向下绕到南坡，横跨河面的铁练桥就在眼前。桥西枯柯河夹在山峡里，两岸都是断岩绝壁。桥以东山势壑开，成仰抛物线形的山谷。桥位在峡口石岩荫蔽的地方，桥长四十多公尺，两端连系在石壁上，驮马道凿开石壁成半洞形通到桥头。桥离水面有二三丈高，桥下水流湍急，这形势恰好合于剪径者的理想。我左手牵着马，右手扳开手枪的保险机，两眼探察着前面的石隙和树林，屏息走过桥南，走过三四道向上回还逆折的急弯，爬上桥南端石岩的顶上，山坡稍为开敞，视线可以看到稍远的地方，才轻松地吁了一口气。天气闷热，爬上二三百公尺高的山坡，已经遍身是汗。危险地点过去，我脱了羊皮外套，骑上马，关好手枪保险机，装进跨袋里。

河南岸的山坡也和北岸的一样陡，但大雨过后经太阳一晒，大部分已经不滑了。骑马上坡，马虽然出汗，人却不费气力。半山宽敞的草坡，人马踏出好几条平行小径。前面路旁一棵树下有一个灰色小堆，大约又是为滇缅铁路牺牲的无名英雄的遗骸。我把马带到另外一条路绕过去，只闻到一点腐尸的气味。陈毓汉的马走到那棵树下惊得跳起来，几乎把他扔下山坡。

下午三点，山坡快爬“通”时，走到一座三四十家的村庄，赶马人说这就是蛮蚌，从此前去到小猛统还有两烧路（约七八十里）。中途没有人烟，我们今天只得住下。村里人都逃走了，只保长家剩下一个保丁和借住的两个病兵，还有一家逃难的华侨，我们就在这家牛棚的楼上住下。

马的旧主人们告辞要回姚关。我叫保丁找两个赶马人，保丁说这村子很穷，平常就没有马，这时大家都跑了，更无法找人赶马。姚关来的马主既宁可卖掉他们的马而不肯往夷方去，再勉强他们往前走是不可能的。强迫保丁找人也不行，他目前是这村庄唯一的主人，假使他也溜之大吉，我们的晚饭就要发生问题。正在两难之际，那位寄居的华侨插嘴：“先生，你们要赶马人走夷方吗？我愿意去。”

这是一个中等身材的中年工人，穿着缅甸华侨式的短胖粗料西装，操着保山口音。

“你吗？”我说，“你可会赶马？”

“我是赶马人出身，只要有人帮手抬驮子，这五匹牲口我招呼得过来。”

“那吗，你的婆娘孩子怎么办呢？”我看着他旁边那个穿广东式荔枝绸褂裤的女人和两个半大孩子。

“那是我朋友的家眷，”他说，“我同她一家四口从摩谷逃出来，朋友病倒在老缅地。他托我带她娘儿们逃命，走了两个月才到此地。他们家的东西都丢光了，一点现钱留在病人身边。她娘儿们沿路吃喝都是花我的，现在我的钱也花光了。”他的脸色现着悲惨，像要流泪的样子。

“你跟我们走，丢下这娘儿们怎么办呢？”

“我本打算带她们到保山找点事做，现在盘缠用尽，走不动，我跟你们去，先借点工钱给她们买点米走到保山。那里地方大，男孩子给人家放牛，女人做做衣服，总不至于挨饿。”

他说完回头向女人用缅语商量，女人现出很为难的样子，后来似乎无可奈何地点头应允了这办法。原来她是广东潮汕一带的人，不懂普通话。我用不大地道的广州话试问她，她也不懂。当下说定了这个华侨老陈跟我们去赶马，先给他三百块钱。他又拿出一个橡皮气枕头卖给我，作一百块钱，一并交给广东女人，那女人垂泪收了。老陈开始向马主接收了我们买的五匹马和驮鞍绳索，他检查得很仔细，表示出是一个赶马的老手。

六月十五日

天明早餐后，我和廷瑞、东江各人备好自己的马，小陈收拾行李，帮华侨老陈捆好驮子，托保丁找了一个向导，在薄雾中出了蛮蚌寨，取西南大路出发。越过一条山脊后，路沿着一条平线山谷走。约走了十多里，路右下坡有一座小村庄。向导要去找人打替，我们怕耽搁行程，不肯绕远，要他一直领到小猛统[①]。这家伙很不愿意，领我们又走了三四里，他紧走了几步，钻进路旁树林里就不见了，我们只得自行前进。路走上山脊，往前去路像是新挖宽过，大约错不了。又走了十多里，小黑驮马疲乏了，浑

① 小猛统，今作小勐统，为云南省临沧市永德县下辖镇。

身流汗，走不动。我们拣一块平草地憩下，把小黑马驮的行李匀了一件给老白马驮。这一天的路大部分走山脊，没有大坡。沿路多是稀疏的松林和整齐的长草，但没有村寨开烧，一直走到下午五点才看见小猛统。

小猛统是位置在一座三四里长宽小坝子的东南部，靠近山边的小街，七八十家铺面，都是汉人开的。街道还洁净，铺门多半关着，但街上还有人往来。街东有一座庙，门口挂着乡公所的长牌。我牵马走过时，门口站着一个穿草绿哔叽军服的人喊着："这不是陶总段长吗？"

"呵！杨大队长！"我认出他是春天带镇康民工往孟定筑路的大队长。在这无意的相逢之中，颇感得喜悦。握手间，他说：

"您很清瘦，我几乎不敢认了，请到里面坐。"我的黄通草帽经久雨淋坏，变成灰黑色不规则的葫芦瓢；黑羊皮短外套已被雨淋日晒，皱成大块干菜叶；黄卡其布裤糊满泥浆，赤脚草鞋。手里牵一匹背着驮鞍的马，就装束和坐骑也亏他还认得出，至于面貌是怎样黑瘦，因为很久不照镜子，我自己也不知道。经他这一说，我才觉出自己这风尘相确实有些褴褛。

杨大队长一面叫勤务兵接过我的马，领我的同伴们去找伙店，一面让我进乡公所休息。他现在任乡长，据他说滇缅铁路停工时，从此地撤退的民工沿路死的极多，几乎没有一里路间没有尸骸。他一接乡长任，马上发动各保人民整理道路，掩埋尸骨。所以从蛮蚌以南一入镇康境，道路就比保山境内好，沿途也闻不到腐尸臭。

我从乡公所出来，找着同伴们落的伙铺。这是一栋像开过糟房的房屋，楼下有特别大的炉灶。我们住在楼上，还算洁净。老板以前是滇缅铁路路警队的班长，撤退时同几个病兵留在此地。他招赘在这家伙铺，顶着门户做生意；兵们当伙计。这天新娘子亲自动手给我们做了一顿很丰盛的晚餐。

六月十六日

从小猛统到镇康路程不过六十里，大部分在山脊上走，坡不大，到镇康附近才有几小段较陡的下坡，沿途只离镇康十五里处有一座小村庄。这天没有开烧，下午四点多就到了镇康，住在小学的教室里。

这里说的镇康是指镇康县治所在的德党街，这一带的地形很特殊，大约若干年前是一座相当宽平的仰抛物线形的山谷，东西长二十里，南北宽约十里。坝子中有一条从东向西流的河，河床因冲刷不断地加深，两岸南北向支流也随着刷深。现在的河床比原来的坝子底低了一二百多公尺，支流也都成了狭深的山谷。有点像西北黄土地的样子，平坦的原地纵横划着狭深的沟。德党街在靠北山的缓坡上，街有南北两条，长只半里，县政府在北街的东头，我们住的学校在南街的东头。

谭荫洪前两天由顺宁到镇康。征工的事他已经和杨县长接洽妥了，只等我来决定；掩护工作的兵力也和杨团长接过头。他在街外迎着我，报告办理经过。平时不大肯说话的小谭，这时一切都办得非常妥当，我高兴极了，国家在磨难中又造就了一个人才！

晚餐后天色还亮，我同小谭到邮局找陈局长。这是一位热心快肠的江苏中年人，在镇康交游很广，“有闻必说”，不知忌讳，大家说他有精神病。我去年来镇康就见过他，确是一位有趣的人物。他开门看见是我，热烈地握着我的手说：

“哈哈，我知道你要来的。小谭还没有来的时候，我就知道你要来的。政府不会把一条路丢在敌人手里不设防，又不破坏。请进去坐，请进去坐。”

“秀琼！陶总段长来了，赶快弄煎饼！”他拉着我走进收邮件的柜台里，一面喊着他的太太。

“谢谢，我才吃过饭。”我说，“你的太太还在这里，胆子真大。”

“我怕什么?”他说，“离敌人越近，通讯越要紧。我有职守，不能随便跑。前线那些土司们时常有信来报告敌人的行动，我不会落在敌人手里的。再说这条山僻小街，不当进兵的要路，敌人也不会来。”

我问起近来地方情形，他说：

“敌人进占滚弄的时候，有许多人高兴。县长把应解的公款，应分给老百姓的铁路工资，连同没收的烟土一古脑儿搬到罗大队长的老家去。罗大队长组织的民兵不保守县境，却全调到他自己家里看家。敌人如果来了，这几笔糊涂账谁还向他们算?可惜敌人不来，百姓和政府虽然少点损失，这两位的如意算盘却成了一场空。”

陈太太亲手送出来一盘嫩黄色的鸡蛋煎饼，殷勤地劝我和小谭各吃了一个，她很关切地问着我太太的病状。吃完煎饼，我约陈局长一同去看县长。他说：

“这时去看他最好，他正在过瘾。我们一直闯进他卧室去，一面烧烟，一面谈话，这样可以免掉许多拘束。你知道一个抽烟的人和一个讲新生活的人对坐在客厅里谈公事是怎样浑身难过。如果你也往他烟榻上一躺，拿起签子就烧烟，他会觉得比卸掉枷锁还舒服。他会从心里发出一点友情，诚心诚意地给你帮忙。”

我同意他的提议。三人一同经过静悄悄的街道走进衙门，穿过黑魆魆的大堂和二堂，在上房门口遇着一个当差的向陈局长笑着点头，让我们进去。房间里只床上点着一盏烟灯，光线很暗。县长独自坐在床的西端，手里拿着竹水烟筒和点着火的纸捻。陈局长给我介绍，县长站起来让他坐的位置给我，自己坐到烟盘的左边去。一面请我烧烟，一面让陈和谭坐在靠窗大公事桌旁的椅子上。

县长是一位很瘦的老人，年纪大约有五十左右，短夹袄外套着一件黑背心，说话声音低而清。我坐上烟榻，首先玩赏了烟盘，后端斗架上摆着的几只建水磨砂斗，随即拿起细软而锋利的钢签装做要烧烟的样子，却向他谈到我此来的任务，并商量征工的办法。很快地决定了明天就下征工令，民工后天就开始出发，二十一日到达指定的工地；每工每天由本队发给工米一公斤、工资十元，往来川资每天每人十五元。本队先交十万元给县府，转发给民工作川资。正事谈完后又天南地北胡扯了一气，十点才回寓所。

六月十七日

天没亮就落雨，吃过早饭冒雨去会骑兵团的杨团长。他是一位短小精悍的湖南人，年纪三十一二。说话爽快，态度诚恳，对我很谦恭。我稍说了几句寒暄话后，就拿出宋总司令给他的命令，他看过了说：

“总司令叫我派一连骑兵掩护您的工作，我马上就派。但此地现有的不够一连，还得到派出部分去抽调，明天可以调齐。”

“从前线抽调，”我问，“警戒的力量不会减弱吗？”

他说：“您问到这一层，我不得不把我现有的力量和任务告诉您。我这一团从台儿庄作战以后没有补充过，现在只有三个骑兵连，一个电讯连。前月从顺宁来这里设防，两天一夜赶到。北方马过不惯此地的气候，一到就病倒很多，现在能用的不过三百八十匹。本团担任大黑渡以南沿江到滚弄的警戒，全长二百多公里，这点兵力实在不敷分配。抽派掩护队后，警戒力量又减少三分之一，我正要往保山去向总司令请示。”

我说：“贵团警戒线是保山大军的左翼，假如有点疏忽，被敌人窜进来，保山就受很大的威胁。我的工作地点在南定河南岸，到敌人占据的滚弄有八九十公里。我可以发动夷兵来掩护，不要你派骑兵。实在说，在那样的高山丛莽，间杂着滥泥深坑的地带，骑兵作战非常困难。一连人作实力掩护太不够，也不过是担任警戒。我可以派水摆夷混到滚弄去当坐探，组织递步哨传消息，一样能作警戒。你的意见怎样？”

“您不要我派兵，我自然很感激，也代整个的保山大军感激。不过对这一道命令我怎样交代？”

“你对总司令就说我不要好了，我也可以打电报给总司令说我不要。”

“那吗，万一您的任务因为敌人窜扰而不能达到，您岂不要负整个的责任？”他为我着想。

“这个我也考虑过，”我说，“我尽力量发动边民来掩护我的工作，我想还有一点完成任务的把握。假如敌人从你的警戒线窜进来，我和镇康民工的归路被截断，我的任务不是也达不到吗？保留你的力量，免得增加保山大军的危险，同时也就是增加我的安全。事实要这样办妥当些，个人多负一点责任倒无所谓。”

“您既肯担这责任，我们就这样决定，不抽调兵保护您了。”他表现着很感动的样子。

我从团部出来，往县政府签订了征工合同，交了民工川资，回寓所吃饭。下午王振祥率领从顺宁来的第二批员工到了；曹大队长带的路警人员和卫兵也陆续到齐。

六月十八日

雨还继续地落着。上午打发王振祥和夏策带领几个监工和一班工人起程，往犀牛大寨去发动夷民做工。他们在顺宁就听说耿马土司叛变了，现在正是往耿马的辖地去。他们信任我的判断，毫不踌躇地起程。我站在学校门口，一直看到一行人影在朦胧的冷雨中消失，才回到教室的楼上。

关于发动夷兵掩护工作的事，我计划着南定河两岸土司地连萨尔温江东岸缅境土司地一齐动员。又为稳定工作地点及后方交通起见，所有南定河中上游和云县、耿马一带的土匪也打算全部肃清。下午我们开会决定：

一、缅境土司地动员的任务由 C、K、F 三位负责，直接从镇康出发；

二、南定河流域土司地动员的任务由 T、S、H 三位负责，到耿马后出发；

三、肃清土匪的任务调现驻头道水的第七中队路警负责，和云县的剿匪大队长张国柱联络进行。

当晚我画定了往缅境的路线，写了几封介绍信交给 C、K 和 F。嘱付他们找各土司的关系的办法。我告诉他们："缅境的这几个土司对我们的边政素来没有好感，他们又是'英国'的官。我们既不能劝他向中国尽忠，说依附中国有什么好处，他们也不相信，但他们的祖先都是中国人，中国政府和人民并没有把他们看外。在这异族侵凌的时候，英国既无力保护他们，中国政府和人民为血族的关系不能不关怀他们的安危。我们这次冒险去看他们，就是这个意思。最要认清楚的一点，就是敌人目前一定有人和他们联络，表示好感，开许多空头支票给他们。这一带地方离敌兵只有一两天路程，离中国大军有七八天路程，在现势上他们不能不和敌人敷衍。我们应当知道他们处境的危险困难，不可把他们敷衍敌人的手段认为出自本心而放弃了我们的希望。我相信他们希望中国好起来的心理也和一般海外华侨差不多，联络他们是很容易的。又，这几位土司有的和我很熟识，有的和我常通信，至少也知道我的为人。他们都是很有义气的。凭个人的私谊，必肯接受联络。所以你们的任务虽是艰苦，但除了直接遭遇敌人以外，不会有危险。”

C、K 和 F 都很高兴接受这个任务。当下他们热烈地商议着明天怎样化装，怎样藏带武器。C 当夜拟了一篇工作纲要。他是受过特种工作训练的大学政治系毕业生，有相当的实际经验，这篇办法拟得很切实。K 和 F 都参加过上海战役，胆子够大，但他们以前没有到过夷方，不知道雨季瘴病是怎样“老火”。我们只有一位医生，要留在工地照应工人，不能跟他们去。我对他们的健康非常耽心，但不敢说出来减低他们的勇气。只交给几瓶奎宁、疟涤平和扑疟母星，详细说明了这些药的使用法，叮咛他们不要忽略了保重身体和服药预防。

小谭所率的员工准备明天出发到蛮弄丫口，路经过商定河边的蛮蚌，在大雩坝的上游渡河。前几天镇康县府派往蛮弄丫口去驮米的马帮在渡口被匪劫了几十匹。据说这股匪有三百多，在蛮蚌一带盘据了很久。我们只有关浩林带的一班路警，我叫他派班长带六名警兵保护小谭去，小关说：

“土匪有三百多，只去六个人没有多大用，我们的自动手枪和步枪是土匪最喜欢的东西，反恐怕惹起事来。”

“那么，全班都去也可以，我走的路上没有匪，不须保护。”我说。

“全班去力量也不够，我奉总队长的命令来保护您，我自然不能随便离开您。”他说。我知道他有点胆怯，但没有剿匪经验的青年带少数人去防大股匪，的确是危险的。这时小谭发表主张：

“我不需要保护。我先到蛮蚌打听前途的情形，如果匪还没有走，我可以设法疏通，请他们让路。凭过去二十总段和第一工程处对他们的交情，他们或者肯买账。再说土匪也是中国人，未必肯阻挠军事工程，也未必敢阻挠。万一不买账，我派人连夜绕道给您送信。我和几十个工人住在蛮蚌，没有枪，也没有多少行李和钱，总不会有危险。”

“这样也可以，”我说，“但你得格外谨慎，到蛮蚌如果能找着石匠老五或王九，事情就好办了。”

前几个月小谭在蛮弄丫口修路时就听熟了我所说的两个人名。那是两个惯匪，和蛮蚌村长有来往，是有线索可以找到的。

六月十九日

上午出发，雨还是不停。C、K 和 F 带两个卫兵往麻栗坝去，我和小谭带的人往孟涧去。C 一行五个人都穿着当地小商人的装束：黑布短夹袄和黑布裤，头上黄绒罗宋帽上加箬笠。被褥垫在马鞍上悬起有一尺高，各人披着一条白羊毛毡当雨衣，顺着街西头缘山脚的大路向西去了。我们从街西头转南向河边下去，雨不大，我买了一副骑鞍代替驮鞍，买了一条毡子代替油布。身上不冷不湿，屁股也不受梗。一行有七八十人，带着十几枝自动步枪和手枪。十几匹马，驮着充足的伙食，比前几天舒服热闹多了。徒涉过镇康河，爬过一条山岭，向南下到半山。离镇康二十多里有一条岔路。小谭带他的员工和我分手，向南路下山，我们二十几人向西南沿山半坡走。这次分手虽是小别，但我心里却有无限的喜悦和挂念。小谭向来是一个胆小青年，平常骑一匹极小的老实马，从来不敢放开辔头大跑一步，这次为军事的需要，延缓了婚期（他和护士陆其华已经订在六月初结婚），冒着蛮烟瘴雨来到万口争传叛变了的土司地，又因为卫兵不敷分配，空手走向著名的匪窟，没有丝毫留连畏惧的表示，一种刚毅无畏的精神把他温柔细腻的举止和短小白皙的体貌都笼罩了，使人只觉得他亢爽伟大。国难刮去了他的柔懦的外层，显出了精干的内蕴。这个青年的前途是不可限量的！然而三百多蛮荒的惯匪正潜伏在他明后天必须经过的路上，我怎能就决定他不会遇着一点危险呢？

分手后我们向西南缓坡上山，雨又大起来，经过几段岩边凿出的狭路，走了十里，到红山，住在乡绅李家。行李驮子早卸在他家院落里，我在大门楼底下下了马，身上披的毡湿透，有二十多斤重，小陈接过去晾在屋檐下，我走进客厅向火。这家主人有五十多岁，坐在坑床的烟灯旁边，怀里抱着一个周岁的男孩子，逗着说笑，他对于这群不速之客似乎不大关心。院落中横七竖八摆些驮子，卸了驮子的驮马随地拉屎撒尿，有些还走上台阶，头伸进屋门里，鼻孔向上翻着嗅一嗅又缩出去。赶马人们怪声吆喝，呼唤各人的马。客厅里由我们的泥脚带进了满地的泥浆，桌椅上乱堆着湿雨衣、雨伞、水壶、笠帽。桌椅前堆着才卸下带着马汗气的鞍韀。主人对这些也似乎不感觉厌恶，他还是逗着那瘦猴似的孩子。时常有一位三十多岁高条身段的半夷装女人走到他跟前要接抱孩子，孩子反抗她，终于没有接过去，女人又出去了。

我们住在这家正屋的楼上，晚饭过后，烤了两三个钟头被雨淋湿的被卧和衣裤，稍为干些才睡觉。

六月廿日

早晨从红山出发，雨还是很大。去年九月我从孟涧到镇康，往返都住此地，都遇着大雨。今天特别冷，身上披着半湿的毡子，没有丝毫暖意。出门七八里，涉过一条狭深的山涧。刚爬上彼岸，一匹小红马因上坡太陡，翻落涧底，幸而赶马人抢得快，没有被水冲走。马也没受伤，只把所驮的一箱纸张文具浸湿了。午间在地界河开烧，这是耿马和镇康分界处的小村落，名字叫“河”，实际靠近山脊。不独附近没有河，连供吃的水都是从很远的山涧内引来的。这天因槽水在中途截断灌田，村里没有水吃。我们说了许多好话央求女主人冒雨去把水引下来，才得煮饭。淋了半天大雨，浑身透湿，而找水喝却又如此其难，真想不到。

下午四时走上南定河北岸的山脊，雨已停了。本可以下山赶到孟涧，镇康来的驮户抵死不肯下坝子过夜，只得岔往大路右边四五里的彩靠寨去投宿。住在姓李的大户家，主人弟兄四个都认识我，招待极殷勤。他们分居三个院落，房屋很好，屋檐下都挂着许多驮鞍，足见所养的牲口不少。这村里女人们的装束一半摆夷化了，头上缠的黑布包头圆而高，像京戏里黄天霸的帽子，和芒市一带女子所缠的一样。头发四面向上梳，从包头下缘露出几条押发的银链。上身穿大袖蓝布衫，腰里围着齐膝盖下的黑布短围裙。远看也有点像旱摆夷，但脚都缠尖了，鞋尖向上翻，像驱逐舰；从腿肚到脚颈缠成细直棍，走路时屁股用力扭着，显得很费劲。

六月廿一日

镇康马户不肯下坝子，只得商借李家的牲口驮到大寨。早上起程时又落着大雨。出寨后遇着耿马民工一百多人也往大寨去，这是王振祥前天到大寨发动的，可算得神速。从彩靠下到南定河边经过几段极陡的山坡，幸而雨不久就停了。快到山脚时空气就很郁热，及至到了坝子里，穿着单衣还要出汗。

南定河的孟涧[1]渡口静悄悄没有一个候渡的人。对岸码头系着一支小独木船。我们走到河岸的沙滩上，卸下所有马匹的鞍鞯，准备打马泅渡。这时对岸树林内钻出两个水摆夷船夫，头顶挽着螺丝形的发髻，赤膊上露出浑身刺着的青花绣，腰里蓝布裤，裤腿高卷露出大腿，膝盖以上也刺满青色的流苏花样。各人拿一条桨，解船划过来。看了我们的驮子之后，又划过对岸下游去另带了一只小独木船来，用长藤和两根粗竹杠把两只船并排扎在一起，才抬上几驮行李。河滩水浅，我把草鞋脱下，裤腿卷起，涉水上船，渡过对岸。又赤脚走过一段浅水，上岸后又走过一段泥路，才穿上草鞋。站在树荫下，看着赶马人把一群牲口撵下水，中流水深，马只有耳和鼻口露出水面，它们都把耳朵眠到脑后，上唇向上翻起掩住鼻孔，用力喷着气，七八分钟就全浮过来。

孟涧街子离河岸只有一二百步，居民逃光了，只剩下

---

① 孟涧，今作勐简，为耿马傣族佤族自治县下辖乡。

空草屋，街旁从前卖咖啡和小食的一些草棚已经有歪倒的。我出了街南头，走进寨子，也看不见一个居民。寨子西头的缅寺前两个月是四总段的所在地，现在连小和尚也不见一个。米仓门还锁着，窗门大半掉在一边，散堆的白米上有些老鼠粪。运输站门口卧着几个空汽油桶。材料库院子里乱堆些上了锈的钢条、手车斗，库房门还锁着。招待所的门窗都掉了。李镇长的竹篱院内以前经常拴着几匹大走马，现在是空空的。镇长的兄弟从屋里看见我，跑出来开了院门让我进去，屋子里也是空空的。他喊出一个摆夷当差给我烧茶。他告诉我上月孟定告急时，此处的居民就全搬到山里去了，只剩下他和他的大哥李正材因为受了四总段的委托看守材料，不敢走开。今天正材接司官的通知，往耿马城开会去了。

这个摆夷区域的小镇两个月前曾经繁盛过。这是滇缅铁路边区最大的转运站点，经常有二百辆卡车和四千匹驮马转运着工米和材料。上万的工人、上百的公务人员整天地紧张工作。铁路上督工和视察的大员、调差的大小职员和眷属、抗疟团的美籍医师、过往的各县民工，经过此地都要住一夜。虽然是草棚连成的街子，却有澈夜营业的饭馆、咖啡馆，乃至广东司机们特别喜欢光临的秘密赌窟。

不独街上的汽灯整夜不息，就是河滩上每夜“开晾”的马帮，也烧着三五十个熊熊的“火堂”，与河水里反射的星光一样繁密。而今只剩下一些东倒西歪的草棚竹壁，连“断井颓垣”也没有！

在李镇长家午餐后向大寨出发。从孟涧寨子东口外转南，沿着运输汽车路折向西南，经过三公里田坝之后往坡上盘绕五六公里，路经过陡峻山坡处，已经有一二百人开工破坏了。工人一律打着黑包头，穿着土黄色的紫花布裤，老远就可以辨别出是大寨的民工。

我走过工作地点向监工人问话时，有几个女人围上来看着嘻笑。她们有的缠着湘勇式的黑包头，有的头发从中挑分梳到脑后，编两条发辫盘在发际周围，上身赤裸，露着紫铜色茁壮的肉体，腰围下缘滚红边的土黄布短筒裙，小腿打着青布裹腿，满口黑牙的嘴叼着八寸长的银嘴竹旱烟杆。我向她们道辛苦，她们都不懂，却嘻笑着向我说几句土话，我也不懂。她们更天真无邪地大笑，从她们的表情上我看出来对我认识、亲热的意思。去冬今春我常到此地督工，大家都认识我。

下午五点多到大寨，住在以前征工处的新式草房里，王振祥来说，前天到此地就召集圈官和火头们商量好征工，并派人连夜送信给罕裕卿，请他动员全境的民工去了。大寨民工每天只要工米一公斤，菜钱五元，今天已到三百多人分两处动工了。

大寨位置在与南定河平行的一条山岭的北面，高出河岸九百至一千公尺，居民有六七百户，是夷方最大的村落。除了十几家汉人外，都是与班洪同族的卡瓦。全村务农，所耕种的水田都在孟涧坝子里。人们每天黎明下山耕作，黄昏上山憩息。往返的路程六十里，山路崎岖陡峻，骡马上去一次，也得出一身大汗。他们却习以为常，一箩谷背上山，中途不用休息。因此这村的人们身体都特别强，工作力比摆夷们大四五倍。这村居民的衣服式样也特别，一律是土黄色的对襟短褂，周围镶红边。男人穿土黄布裤，女人着土黄布镶边的短裙。男女都裹青布包头和裹腿。据说这是“老爹”（卡瓦对诸葛武侯的称呼）定下的制服。所背的篾箩高二尺半，上口直径一尺半，箩底尖圆，放立不稳。据说“老爹”南征时叫他们运粮，制定这个式样，防他们中途偷放下来休息。他们的住宅式样也和附近各村不同，草顶是人字形，前后檐下的墙壁是平直的，两端山墙向外凸出成弧形，据说这是取法于“老爹”的帽子式样。他们相信“老爹”是不死的，现在还做着“汉朝”

的宰相。从这些传说，我们可以推想武侯南征的功业决不止于军事上的七擒七纵，对于夷民的生活必有绝大恩德和改变。武侯没有到过南定河流域，而他的精神却能生活在这些人民心中，历一千多年还不死。又传说之中毫无杀戮恐怖的成分，这神绩决不是短期的武力所能造成的。

诸葛武侯在这辽远的民族心中留下不可磨灭的印象，可算得一种奇迹，而一千多年以来没有另外一个政治家在这民族心中留下丝毫的印象。民国成立已经三十多年了，这民族还是“不知有晋，无论唐宋”，岂不也是政治上的一个奇迹？

四、工作时期

六月廿二日

从昨夜起落着大雨，今早继续不停。我为彻底除去同事们对土司叛变的疑虑，同夏策两人往耿马城去找土司商议征工办法。向圈官借了两匹壮健骑骡，冒雨出发。沿汽车路走上南定、小黑两河的分水山脊，岔到往东南的小路上，越过双马山。小路非常险滑。午间下到耿马坝子边一座摆夷村里，在火头家开烧，并叫他送信请土司罕裕卿出城在蛮 Le（读法文音）寨缅寺里相会。下午五时到蛮 Le 。坝子路程虽只十五里，但经好几处泥塘，泥深及马腹，走了三个钟头才到。

到蛮 Le 缅寺后，这寨的火头知道我来，送米、菜来供应，还有几个熟香的芒果。黄昏后罕裕卿带着十几名卫兵到来，在大殿前下马，和我在廊檐下握手。

“处长来，我的冤枉可以洗清了。”他兴奋到几乎要流泪，声音有点发颤。他的脸非常瘦，眼睛都凹下去了。

我们相携进殿，坐在蒲团上，相对黯然。沉默了片刻，他喘息稍定，才申诉他近来的处境：

“你家四月初往缅甸去了以后，我组织中印公路义勇抢修队。五月初带着一千五百民工向缅甸出发，到了滚弄才知道敌人已经攻陷腊戍，铁路员工全部撤退了。滚弄工程处只剩空屋，轮渡也炸毁了，我只得回耿马遣散民工。×局长本来因为我一心替铁路上做事，不肯替他刮钱，很不满意，但奈何我不得。这时铁路停办了，正好报复一下，便向省府呈报，诬我勾结敌人，图谋不轨。我向省府报告敌情的呈文都被他检查扣留了。您知道省府对土司地的情形向来很隔膜。我前年往仰光拜佛，就被前任专员告过叛逃。现在正当腾龙各司降敌之后，他这一告，省府当然会相信的。您想，我世世代代受国家的厚恩，没有降敌的道理，省府又认为我已经和敌人有勾结，您如果不来，我一族几百口人岂不只有死路一条？”

我问：“近来你接着过刀宝图、方克光他们的消息吗？”

他说：“听说方克光已经被日本人杀掉了，刀宝图领日本人攻进腾冲。不过据我推测，刀宝图未见得肯真降敌人，这消息恐怕不的确。”

“兴威土司呢?”我问。

“这却难说,”他说，“他的兄弟确实降了敌人，现在带着老缅兵驻扎滚弄的就是他。我前二十天接着他一封信，劝我降日本。我属下的人有许多也接着他劝降的信。是我把他们召集拢来严厉地向他们说：‘你们不要三心二意。中央不会忘记我们，曾督办和陶处长也不会忘记我们，大家不要怕，中央会派兵来保护我们的。哪一个敢私自和降敌的汉奸们通信，我先杀掉他再向中央报告。’他们才稍为安稳下去。事后我把这封信给×局长看，表明我的心迹。”

“他怎样说呢?”我问。

“他说：‘现在国军离此地太远，救应不及。既有人介绍你们投日本，倒可以免得地方遭劫，不过我是省府派来的官，我得先走。请你赶快把百姓应缴的烟浆催齐，我好带回省交差。’我说：‘请您不要误会，我如果有降敌偷生的意思，也不会给您看这封信。现在人心惶惶的时候，再去催缴烟浆，无异逼百姓造反，我不敢干。您既不信任我，请您不要离开耿马，监视着我的行动。’所以现在×局长还在城里。”

“×局长有胆量在城里呆下去吗?”我问。

“他自然很着急，天天催我送他回省。我为要留一个见证人将来好证明我的态度，没有送他走。他与百姓结怨太深，没有我的保护也不敢走。不过我也不愿勉强留他太久，所以上月派钱功华出省去找您。”

“我怎么没看见钱功华呢?”

“老钱上月下旬就到了顺宁，那里已经谣传我叛变了，城内人家逃避一空。他怕发生危险，躲在亲戚家不敢露面。我昨天接着他的信，才知道他还在顺宁，您却今天就来到了耿马。”

他继续说：“您如果再有几天不来，我真不知此地会变成甚么情形！兴威又有几封来信劝诱，邦隆、班洪也都来信问主意。我虽然都回信明白表示了誓死卫国，但我属下的人们不免有点动摇。前天竟有人问我：‘司官天天说中央不会忘记我们，敌人逼到滚弄一个多月了，还没得着中央一点消息。万一敌人再前进，耿马一万多户百姓岂不同归于尽?’我口头虽然答应得很硬，心里却一天比一天着慌。为表示镇静，我的家眷还住在衙门里，敌机在城上低飞侦查，也不敢出城躲避。您今天来到，百姓们此后可以不慌，我的话也可以得到彻底信任了。”

我问：“孟定的情形怎样？”

“我的姐姐已经来到耿马，”他说，“五月初间，第六军的残部和南坎飞机场的特务队打从孟定经过，她商量留下了七八十人，有七八架机关枪，驻守回片江和糯峨两处。她又叫万贤和贵德郎舅两个用您招练过的摆夷兵一分队做基础，扩充成一中队，守在孟定。敌人上月到过地界河，就退回滚弄去了。现在就有三几百敌人还过不了回片江。”

我们又谈了一些关于征工、派探和组织民兵的办法，到夜深才在佛龛前面地下摊开行李睡觉。

六月廿三日

早起写了几封信交给裕卿分送猛角董[①]、班洪、邦隆、果敢，约他们派人到耿马参加“七七”抗战纪念会。

因为不放心谭荫洪一行人的安全，我必须同曾功武赶往孟勇去看一趟。早起吃过饭，和罕裕卿珍重道别回大

---

① 猛角董，今作勐角董。

寨。裕卿派他的卫队长陈兴爷带十名亲兵送我。午间在马山的石灰窑寨开烧。下午到大寨。

六月廿四日

早餐后起程，顺公路向南上了六七百公尺，到金字塘山脊。转向东南，仍顺公路到菜子地李家开烧。下午经过牛棚子，在箐门口向右岔上往猛撒的旧大路，向东南下坡。山坡路上有一段泥非常深。走过了箐门口村子，天已黑下来。路非常陡，有几段是擦石壁凿开的。我不敢骑马，摸索步行十里路，住在蛮莫缅寺。记得去年秋天也曾在这一段摸黑路，头一天坠马跌伤腰际，走路非常痛苦，从山坡上看见蛮莫的灯火后老走不到。今天身上不痛，觉得这十里路很近。

六月廿五日

一早起程，蛮莫火头给我找了一匹小走马。路平马快，天气又好，早餐前就到了猛撒[1]城。猛撒是耿马土司属下的第二个大城。坝子东西长五十里，南北宽十里，地形平坦，中间有一条从西向东流的河。河床比平地低四五十公尺，因此平原缺水，十分之九的地面都荒废着，只河边低地开田种稻。城在河的南岸平原上，街子在城东黑河与猛撒河交会的低滩上。这坝子原由土司分封给他的远房兄弟——也是他的胞妹夫（摆夷族同姓可以结婚）罕富春管理。富春四月初跟我往缅北去，布置耿马义勇抢修队的工作地点，和我在丁靠分手后至今还没有回。我一到城内官缅寺休息下，他的妻就来问讯。她说："富春是和您坐一辆汽车走的，何以您回了，他没有回?"这使我觉得非常对不起她。颇负美名的三小姐也来寺内探头探脑，大约是寻找熟人问 W 的消息。她平时长住孟定，是一位风流小寡妇，和同事 W 有过婚嫁之约，被突然的军事变化打破了好梦。

在缅寺休息了几分钟，当地的新爷们都来问候，并报告谭段长昨天到达，他们已经遵照他的分付安排民工和米粮、驮马、工具，明天就能办妥。我请他们替我预备好往

① 猛撒，今作勐撒，为耿马傣族佤族自治县下辖镇。

猛勇去的夫马，下午就离开城涉河而北，到蛮弄丫口。这是猛撒河与南定河间分水脊旁的一块小平原。滇缅铁路第一工程处在此建筑车场、材料库和粮仓，作成汽车运输的终点。从孟涧上游三十里的大雩坝以东，铁路上需用的料具粮米都从这里开始分途驮运。去冬今春这一小片荒地曾经屯驻过大批汽车和驮马，我和罕裕卿在这里住过三个月，现在却只剩下几间草屋，有的已经穿漏了。空地上乱丢着一些破麻袋，撒着淋雨发霉的米。一个监工从做材料库的草屋内钻出来迎着我说，谭段长住在此地，他现在到路线上视察去了。大部分员工住在红木林。我进屋看见存料都扯得乱七八糟，屋顶上满是透明窟窿，几套被卧铺在材料堆上，上面乱支着几片瓦楞铁片防避漏雨，门内一旁用三块石头支着一口铁锅，正温着水，几把洋镐支着一块木板，上面放着莴苣、南瓜、苦菜和盐巴。我把此后几天的行踪叫监工转告谭段长，就向红木林前进。

从材料库出来，顺公路东北行，越过蛮弄山脊，再走七八公里到红木林。这是一座极穷的小村，只住着三家倮㑩。近村只有几亩包麦地，并没有水田。歪破的草屋，檐比头还低。小谭带来的员工四五十人住在赶搭的小草棚里。附近山崖险路已经在打炮眼准备炸毁。我在一家的堂屋内住下。夜晚又落雨。

红木林前几年是颇殷实的山村，附近山地都是黑色土壤，最适于种鸦片。因为孤立在南定河谷南岸的高山坡上，四周十五里内没有其它村舍，土匪时常光顾，甚至短时期盘据作为临时巢穴。居民不胜骚扰，多数逃亡了，只剩下这三家穷无所归的还被遗忘在这里，种点包麦糊口，偷种三两亩鸦片，收割时又常被土匪拿去。今春铁路开筑运道经过村后，这几个几乎与世隔绝的人才被发现。

六月廿六日

早晨出发，沿公路向东走，一路下坡十五公里到河底岗。这一段路筑在向北的山坡上，一部分已经长满芦苇，在飞机上也难发见。河底岗是一个丫形的小谷，猛撒河经过几十里山下伏流，在这谷的西岔流出，猛勇河从东岔流出，会合向北流入南定河。公路经过会流处的下游。桥长六十公尺，大梁是径一二尺的红木或乌木，非常结实。这种材料假如能运出到大都市里，可以雕琢成名贵器皿，与周鼎商彝并列在古董架上，为收藏家所珍玩。在这里却只好委屈在桥面板底下，不为过往的人们所顾惜！

河底岗地势低洼，气候郁热。过桥后公路盘上一二百公尺的山坡，还是很热。马蝇群集在马的头颈和肚皮上，可怜的牲口们起初被叮得乱跳，后来渐渐平静下来，点点血珠从被叮的毛孔里浸出来，与汗和成一片，它们却只是无精打彩地向前走，似乎毫无感觉。下午二点到猛勇西南的接官亭，这是盖造在路旁的一间小亭，北面依山，有一丛茂密的杂树林和半亩清澈的水塘。从亭里望，一片宽平的级田，渐向猛勇河边拖下去。北坡长满松林，猛勇城在松林的东缘，依山傍水，显露着栉比的民脊和兽檐。从这里就能看出那是一座建满汉式房屋的城。镇长宋德光带着几位新爷和仆从早在接官亭里候我。亭内摆着一张方桌和两张旧式的交椅，桌上点着蜡烛，摆着糖果盘、盖碗茶。亭子外面支着一个临时茶炉，正煮着一大铜壶开水。使我想起四十年前随父亲赴任、初到县境时的情景。我在亭内喝了一杯茶，甘洌的泉水泡的真正猛库茶叶，芳洌远非虎跑泉煮龙井茶所可比拟，这种无上上品的茶味绝非没到过夷方的人所能梦想到的。

下午三点到猛勇，住在宋镇长的父亲家里。四合楼房的小院，种着两株线柏和茶花，两丛月季正开得茂盛，卵石嵌成的小径边种着兰草。正房坐南朝北，檐下挂着金底黑字的匾联。德光的庶出妹妹正在屋檐织布，见我们进院，下机跑进屋里。她只十七八岁，生得非常明艳。我住在东面的小楼上，也是昆明式雕梁画栋的建筑。宋家是汉摆夷中的世族，生活已经完全汉化了，但妇女们还是朴素的汉摆夷装束。

床铺安置定，宋家开出饭菜来，是一桌汉式的酒席。这时留在此地的事务员徐扬南回来，向我说，宋镇长昨天知道我来的任务，就叫他下乡通知各寨派工准备应调。今天他已经走遍了镇属各主要的村寨，明天就可出工。徐一面谈着，一面殷勤劝饮，俨然是这家的主人翁。

徐扬南是一个颇有胆量和办法的青年，以前毕业于抗日军政大学，替延安方面在冀晋边境做过民众运动。后来入了三青团某地的集中营，被允许充三青团团员。去冬到铁路上供职，分派在猛勇工作，和宋家的那位织布的姑娘发生情愫。铁路停工时，他自动愿留在猛勇看守材料。宋镇长请他帮忙办镇公所的事，两个月的短时间已经能直接指挥全镇的民众。

饭后云县剿匪大队长张国柱来访。他虽是一位商人，却颇有军官的派头。身体魁梧，方形紫棠色脸，浓眉大眼，态度严肃坚毅。我在祥云写信约他到边地商量肃清土匪，信到云县时他已奉县府的令担任剿匪队长，领兵向猛惠河一带出发了。他所率的队伍不是常备兵而是他自己招集的，常走夷方的“赶马人”，数目有二百多。云南从事这种职业的人都是最艰苦耐劳的，走夷方的尤其能吃苦，露宿是日常生活，和土匪作战更是家常便饭。张国柱是云县一带的“舵把子”。常往卡拉山做生意，熟悉滇缅铁路沿线以及班洪、邦隆一带的地形。他这一次出马，只十几天就把这一带的土匪肃清了，可谓神速之至，也出乎我的意外。

他进来寒暄以后，说：“我出发到孟赖的时候，家里派人把你家的信送给我，才晓得你家要到夷方来。事情告一段落之后就来拜望，昨天到猛勇，听宋镇长说你家就要到这里，所以就在此地等候。”

我说：“你这次剿匪成功，替国军后方运道除去障碍，不仅功在桑梓，也可说功在国家。成功这样神速，实在可钦之至。不知道一共肃清了几股？”

他说：“最大的五股都解决了，其余各小股自然都不敢啸聚，也可以说暂时全数肃清。我平时对各匪首的巢穴就调查得很清楚。此次出来并没有调动保安队，只招集了自己的弟兄二百多人，行动很秘密。匪首们没想到我会出马，近两个月行动毫无忌惮。我趁他们冷不防就把小左和杨洪明两股扑灭了。满天星、一笔画和石匠老五见势不佳，自愿受招安，把手下解散，枪枝缴出。他们五个死的死，招安的招安。小喽啰们自然一时都不敢动了。”

我说：“我从祥云出发时就想到，肃清这一带的匪非你出马不可，所以写信约你商量，没想到我还没有来，你已经把事办完了。不过岩帅一带的卡匪还很猖獗，我还想请你继续辛苦一趟。”

“这个，”他踌躇地说，“得请你家原谅，我是很愿意效劳的，但一来天气不好，弟兄们不敢进卡拉山。二来我奉县长的令办事，得回去复命。还有一点下情，本不应当说，承你家抬爱，不是外人，还得求你家帮忙，说也不妨。我从云县出发时并没有领到费用，弟兄们的伙食都是自己垫出来的，带的盘费已经用完了。也曾呈请接济粮饷，昨天接到科长的复信，不独不发饷，意思还以为我所获得的贼赃很不少，可以移作军饷。这次出来功劳不提，还被疑心发了财，我不得不赶快回去把收得的枪械缴清，洗刷身子。县府这样用人，真令我寒心！”

我说：“粮饷完了我可以接济，不知道要用多少？”

“我很感激，”他说，“现在我只要两三担米，弟兄们吃回云县就够了，这得请你家帮忙。”

我当时叫徐扬南把铁路上存放猛勇的工米拨给他四担，另送他五千元菜钱，他只肯收米，不肯收钱，告辞回寓所去了。当夜我派曾功武到他寓所去商量收拾卡匪的事。曾回来说张国柱很愿意到铁路上来做事，如果能编成一大队路警，招集五百人和足数的枪枝是不成问题的，不过这时不能进卡拉山。只得作罢。

六月廿七日

早起清查铁路存放在猛勇的材料，前任镇长宋国荣家里存的没有损失，他处存的略有短少，据调查是各段所留的看守人自己盗卖了的。我把散存的东西归总，托宋国荣照料，原留的两个料夫给资遣散。另存在须龙桥、富坡、孟止、孟赖的材料叫徐扬南去调查。午间在宋国荣家吃饭。

下午路警第一中队到猛勇。中队长王理文是蕲水同乡，治兵很严，这一队的纪律算得全路第一。我本是调他来剿匪的，现在匪既不必剿，打算调到耿马城去训练民兵。

晚间请张国柱和第七中队的官长吃饭。

六月廿八日

上午九点和第七中队的几个官长一同向猛撒出发，沿公路走到河底岗。因为那座乌木做的大桥已经破坏了，我们在桥的上游徒涉过河，水深浸过马腹，流速很大。初下水时有点目眩，在西岸的沙滩上稍为休息后沿旧大路向南上山。路穿进密林，宽五六尺，傍青石崖凿成，坡并不陡。这条路的工程不比我们做的公路小，据说是耿马前土司修的。原先的大路也是取道红木林，他因为那条线在山岭的北坡，多土少石，雨季阴湿难走，所以改取这条线。虽然开凿费工，却是一劳永逸。离涉水处约十里，路向西折入一条支涧，又二里到箐门口村。这是猛撒东的箐门口，居民三四十户，全是汉族，有一座初级小学。引泉水的木槽高架路旁，分支通到各家，但地面上猪牛粪与泥水和成一片，深有一尺。加之汉人村庄的房屋总是密密地挤在一起，不像摆夷村寨疏落。人们的衣服褴褛，更显得灰暗狭隘，无处不脏，有进到猪栏内的感觉。过了箐门口村不到半里，通过一条山隘，就到了猛撒坝子东端。眼界豁然开朗。

猛撒坝子东南两方的山都是暴露的青石岩，从地面起往上二三十丈都是悬崖绝壁，有不少的玲珑岩穴。较高处坡渐缓，开垦了不少的包麦地。深碧的丛莽中露出些赭红色的方块，坝子中的浅草平原，点缀着片片茂林修竹，映在碧空晚霞里，像一幅明快的水彩画。整天穿行于阴森密林中，从灰暗逼仄腌脏的山村出来之后，突然走进这样一幅画境中，真有骤入天台之感。路一平如砥，沿着东南岩脚前进，约四五里，左边的山势壑开，一望宽平田畴北面千章大树下显出一带疏篱。路右草原上有成群的水牛闲适地啮草，或伏地反刍，顶上挂的木铎悠悠地细响着，有些用惊异的眼光看着我们这些旅客。夕阳西下，今天赶不到猛撒了。赶马人把前面的驮马赶上右手的岔路，沿着一条平浅的小溪向疏篱前进，不到一里，进了栅门。赶马人告诉我这个村子叫蛮简。

蛮简位置在一条宽平的涧口，坐南向北。村东西两边并峙着突兀的石岩，村后一望都是上干云霄的乔木林。村前一排大树下编立着木栅。涧水从村后绕村西崖脚流到村前，汇成十几亩大的浅池，围在木栅以内，再合成小溪流出栅外。涧口入池处有一丈余宽、二三尺高的跌水。一座缅寺建筑在村西涧边，寺门接近跌水。夕阳被西岩遮没，有几个半裸的妇女立在跌水下池内，握着才沐过待梳的长发向我们看。一群白鹅被驮马惊吓，昂头张翅叫着跑开。我们进缅寺住下，伟大静穆的佛像，莹莹的青灯，林风跌水的涛声，暂时洗净了人间一切烦恼。

六月廿九日

早晨向猛撒出发，出蛮简寨门，走上大路。西行三里所经都是浅草平原，一平如砥。战斗机在此起落应无问题。前去的路靠近南山坡脚，稍有起伏。再前进十里，过一道高而狭的短拱桥。猛撒河从桥下向南流去，这条河上游宽三四十公尺，水量在冬季也不下十秒立方公尺，在这桥下却只缩成三公尺。桥南半里流抵一座马蹄形的崩岩下，跌入石穴内。据土人说，这水伏流三天，在河底冈上游二三里才出地面。

路过桥西后向西北斜上约高三十公尺的坡，坡尽却是一大块平原，有名叫做“杀马坝子”。南靠岩脚，北抵河岸，宽半公里至二公里，东西长三公里半。红色黏性砂土生着一二尺高的茅草，在雨季中仍然毫无泥泞，仅有几处小洼地稍为潮湿，有些水牛在洼处吃草。至猛撒城东平原走尽下坡，过黑河桥，经街子的东端外上坡入城，还不过上午十点钟。

猛撒的气候四时如春，风景之佳在滇西一带不易多得。我到过的高坝子如顺宁、缅宁、德党以及双江县治所在的营盘街，缅甸果敢县治所在的麻栗坝，都没有猛撒宽平，天然颜色也都没有猛撒明快富丽；低坝子如芒市、孟定、猛猛，气候又比猛撒差得远。猛撒出产米足够本地自用，稍稍改良水利就可增加四五万市亩良田。河北岸褐煤藏量约有一千万吨。坝子北山脚草皮街有银矿，附近的坚糯、蛮片（读上声）也有银矿。南山坡地产茶叶虽然有限，但离夷方产茶叶的中心猛库只有一天半路。滇缅铁路通车以后，猛撒可以设一处相当规模的炼银厂和一处制茶厂。

猛撒四周的民族很复杂，西南离卡瓦族中心地岩帅、大小蛮海不过三天路，南离小黑江流域、南允河流域也很近。在这里设一所边政学校，或移来一所大学的边政学院是再好没有的。在抗战期间建立一处空军前进阵地，西可以控制缅中，南可以控制暹罗。这飞机场雨季能用，工程极省，这在夷方是很难得的条件。只可惜杀马坝子离南山太近，做飞机场只适用于中型轰炸机以下的小飞机。

我到猛撒时，留在此地的同事已经开始工作，十一集团军派来两位工兵官指导工作。这两位都是中央军校工兵科毕业的，对于战车的性能和破路方法都有定见。经过他们指导，破路工程可以省很多工，而修复到勉可通车的阶段却相当困难。他们批评保山附近化路为田的方法，说：“保山平原水田里只有一浅层烂泥，下面就是沙砾。平时两条取土坑中所夹的路堤上只便于并排通行两辆战车，破坏后烂泥挖去，取土坑填平，反能并走五辆战车。”参谋团S处长极力主张的办法，应用在他自己眼前就不妥当。

六月卅日到七月四日

在猛撒常往破坏的路线上视察。每天落雨，民工和带来的技术工人都冒雨工作，整天不停。许多地方利用山涧暴发的水冲去路基土方，效率极大。

七月五日

因为要往耿马作七七抗战纪念，今天从猛撒起程。我和廷瑞、功武、浩林带几名卫兵，一行十几人过午才出发。天气阴湿，出门后就落起雨来。本想赶到菜子地，路过箐门口时大雨倾盆，只得住下。通夜大雨不止。

七月六日

早晨从箐门口出发，雨很大。由村后上山到公路上，经过牛棚子、菜子地。有几段在陡山坡上开的路已经挖断，骑马通过非常困难。顺公路走了十几公里，在金子塘向左岔上耿马大道。在石灰窑开烧，浑身湿透，烤火取暖。下午到了耿马坝子，天气放晴。经过一座摆夷村庄，路旁木竿上挂着一颗人头。据说是前晚卡匪行劫这村子，被打死的。

下午四点到耿马城东的山坡下，就看见东门外站着一

耿马白塔

大群人，大约有三四百。走上山坡时裕卿和他的四五个兄弟向前迎接，我们下马和他们握手寒暄后，他们也上马领导着进城。城内街道上泥深没膝，两旁所有的门口也都站满了人。这条街都是住宅，有几家很好的房子。转了两个弯到裕卿的私宅门口下马，进宅去在前厅楼上休息，换去湿衣服，行李在房内摊开。

罕宅大门是北平式的垂花门楼，坐北朝南。门内是小长方院子。进门左首是二门，进二门就是正院。北面是五开间上房。东西是三开间厢房，都是北平式带走廊的平房，南面前厅是三开间楼房，却是昆明式。院中靠北，上房前面有一座方凉亭，和上房走廊相连，亭子左右各种着一大丛夜来香。院内和走廊地面都铺砌着水磨方石块。凉亭和走廊的柱子栏杆，各屋的门窗都是黄色的硬木做的，没有加油漆，木纹细致，像是波罗密树。墙都是水磨砖砌的，前厅的南面有一个小院子种着一些花草。院墙上画着条幅对联，和云南一般的小花园一样。

上房里面的排设也和汉家的正堂屋一样，有祖宗神位，有屏联，有条台、供桌、太师椅、茶几等等，还有一张书桌。左手是裕卿夫妇的卧室，右手是孩子们的卧室，上房右首是厨房。间头宽敞，炉灶只占去一个角落，非常干净，没有一点烟火气。剩下的空处比上房堂屋大一倍，随便放着两个矮躺椅和小桌子。这是裕卿一家人常起坐的地方。摆夷家都是在厨房里起坐，没想到土司家里也保持这习惯。

我们换过衣服就吃晚饭，裕卿陪着吃。他告诉我猛角董、班洪都派人来打听我是否真到了耿马。等打听的人回去，土司们才会亲自来。缅甸方面还没有人来。现在雨季，走路不是容易事。约期太仓促，无论如何来不到，现在只有孟定土司在这里。明天的七七纪念会，不能如我的理想那样热闹了。

饭后毓汉和金方也到了，没有等休息就向我说这次使命完成得非常圆满。他们从镇康出发，按着我说的路子去找杨虎臣，第五天就在一座深山里找着。虎臣得到我的信非常高兴，次日就同毓汉下山回佳地林，召集地方头人开会，组织民兵，布置通讯网，清查户口，密捕间谍，三天之内一切弄得颇有头绪。在麻栗坝老街捕获了十几个间谍，搜出证据，枪决了。一切用费都由虎臣家里开支。他对头人们说这是报答祖国的机会，一切有裨抗战的用费都由他自己出，候他的私产用尽了再向百姓筹款。虎臣又做好《上中国政府林主席书》《上蒋委员长书》，表示拥护祖国的决心和归还祖国的愿望。他接到我约到耿马开会的信后，因为地方吃紧，不能亲到。请毓汉代表出席，献金三十万元作响应的表示。毓汉本打算继续往邦隆一带去，因为杨虎臣的托付才趁七七前赶到耿马。

黄昏前我到院内凉亭上闲坐，孟定的老印太带着她儿子小土司罕万贤和最小的一个儿子来见我。让座以后她用不纯熟的汉话说：

“处长一路辛苦，你家印太（按：这是指我的妻）可好？我好挂牵她。”

我向她客气了几句，就提到她截留第六军残部扼守回片江的事，说：

“印太留兵守回片，挡住日本兵，办得好，有胆量，有见识。如果不留兵守回片，恐怕孟定早就丢了。”

她说：“我那时也怕，万贤还小，不懂得事，贵德（按，贵德是她的女婿）又年轻，我只好这样办。”

我问：“养这一些兵，每月花钱很不少吧？”

她说：“铁路在孟定放着米，我借给他们吃。钱由我自己发，为国家，是应该的。只要委员长看顾我的儿子，看顾我的百姓，我感谢。”

“委员长会晓得你家的功劳，他时常挂牵边地的百姓

罕富廷先生

和边地的官。”

“万贤还小，要你家照应，你家来，我们不怕了。”

“我有一件要紧的事请你家帮忙，回片江和班归一把连放着四百箱炸药。请你家派人背到里边来，最好背到遮哈，再请裕卿设法运进耿马。”我要求她。

“好的，我就写条子叫我的百姓们去背。”她很痛快地答应。

天气黑下来，她告辞带着孩子们回到她三弟家去。我看着她的颀长的身影飘然出了二门，觉得她可怜而伟大。

上灯后还不见第七中队的官兵到来，我耽心他们在允佑河出了事。坐候到半夜十二点，他们才到。因为落雨，而沿途没有一个村庄，整天没有吃饭。

七月七日

抗战满五周年，敌人的炮火从我们的东北角烧到了西南角，把我们的民族意识、国家观念素来淡薄的各民族逼迫得团结起来。今天耿马的七七纪念会就是团结的一个具体表现。参加这会的首脑人物虽只有耿马土司罕富廷、孟定土司罕万贤、班洪王代表罕华文、猛角董土司代表罕富寿、缅甸果敢世袭县长杨文炳的代表陈毓汉和我，但代表的民族却有汉族、回族、旱摆夷、水摆夷、倮㑩、倮黑、卡瓦、老康、黎索、濮蛮、邦隆、山头、缅甸等十几族。这些民族平时不独没有密切联系，还常发生互相猜忌残杀的事件，各族自己也没有具体的组织。对于政府的认识，乃至看见国旗也还是廿九年滇缅铁路开工以后的事。自民国成立以来，政令未尝普遍推行，杀官抗令的事件不断发生。而自上月底我发几封私信，到今不过十天就得到这样大的团结，这大约是敌人梦想不到的吧！

我为使这个会有具体结果起见，只举行了极简单隆重的仪式。通过了向林主席、蒋委员长、龙主任致敬的电文，此外都是作的切实工作讨论。主要的决议案如下。

一、组织耿沧区游击支队。计包括耿马三个大队共二千人，孟定一个大队四百人，猛角董一个大队五百人，班洪一个大队五百人。

二、组织怒江下游游击支队。计包括果敢二个大队共一千人，班隆一个大队五百人，怒江西岸一个大队六百人。

三、组织边区通讯网和递步哨。

四、各司清查户口，严密防止敌间活动。

五、派坐探往缅境敌后工作。

六、各司与国军密切联络，组织运输队为国军服务。

七、筹备驻军及过境军队的供应给养。

八、以上各议案具体方案及执行办法交罕富廷、罕华文、曾功武、陈毓汉、王理文负责讨论。

会从上午九时开起，到下午一时才散。大家的精神从始至终是严肃而愉快的。

裕卿留我在耿马住几天。我自五月七日从缅甸的南梯车站开始撤退以来，就没有好好休息。本月的长途旅行中时时整天淋雨，虽没有生病，精神总是过度紧张的。现在破路工作工程方面有王振祥、谭荫洪负责，掩护兵力应在耿马积极组织。我正可借此休息几天，且等候班洪和猛角董的来人，所以答应他住下去。同事们都借住在裕卿的二哥家里。七中队的士兵住旧衙门，我一个人住在裕卿私宅。

今天裕卿款待我们，酒菜完全是云南味。

七月八日

早起去看罕华文。这是摆夷中的杰出人物，年纪五十四五岁。短小精悍，清瘦的面貌，两眼有锐利的光。声音清朗，说话有条理。办事敏捷干脆。现在担任“掌太爷”职务，是土司衙门的政务首脑。前去两年征工筑路的事都是他主持，昨天决定组训民兵，耿马分部也是由他负责实际责任。耿马人民对罕裕卿敬爱，对罕华文却是敬畏，因为他掌握着生杀权和财政权。

罕华文说滚弄以南、滇缅之间萨尔温江上有九个渡口。由耿马往西，经猛角、猛董、班洪在南滚河口南北就有四个。国军攻缅，如取这一路直趋瓦城，比取道腊戍更直更近，不过给养较难。他又说班洪十八皇地以南、萨尔温江以东，东西四天路、南北八天路的一片大地域都是野卡瓦的住所，共计不下三十万户。中缅的政治势力向来就没有到过，多数土酋肯听耿马调遣。大小蛮海的熟卡匪所以不敢倾巢北犯耿马，就是受这一带野卡瓦的牵制。而这些野卡瓦也信仰佛教，并不像外间人想象的那样野蛮，每年猎取人头的数目并不多。假如有人去给他们改良农业，改善生活，必能获得极度的信仰。他最后说：

“假如你家有功夫去给他们造福，我愿意当向导。”

从华文家出来去访问“办猛太爷”罕裕宁。他是裕卿的三哥，是一位很有学问修养的人，这就是说他深通缅宗佛教经典而诚虔地信奉。裕宁的住宅是昆明式的大公馆，院子宽阔，种有几株高大的玉兰、茶花、云雾柏。满院绿荫，反映着稍为暗旧了的雕梁画栋，显出老世家的华贵气象。上房堂屋供桌上摆着黄铜祭器，两壁挂着泥金寿屏。东手炕床上摆着精美的烟具和大缸的烟膏。西手上一带摆着四把太师椅。下边一张紫檀书桌上有精良的笔砚，摊开一本他亲手写的佛经。我虽不认识摆夷文，但笔画的劲秀和行列的整齐，表示出写者有纯深的功夫。

“办猛太爷”是土司衙门事务官的首脑，但裕宁性情很疏懒，不大理事。今天他生着病，勉强出来接待。我慰问了几句就走出来。

城西缅寺旁一座小宅里住着省府派的设治专员××。我和功武去访问，请他协助工作。这时已是下午两点半钟。走进上房门就闻着一阵焦热的雅片烟味。房内纸窗透光本来微弱，又加浓烟缭绕，更显得昏暗。我们从明亮的街道骤然走进去，经过好一会才看清左手一张床上挂着灰黄色蚊帐，×专员正横蜷在帐内对着如豆的烟灯吸烟。右手一张方桌上乱堆着些公文之类的纸张，桌旁有两张木靠椅，墙上挂着六七杆步枪和子弹袋。他见我们站在床前，衔着烟枪嘴子勾了勾脖子表示招呼，候这口烟吸进丹田才放下枪站起来。瞪着无神的眼睛表示他才起来不久，烟瘾还没过足。功武递上我们的名片后说明来意。他客气一阵之后说：

“摆夷们做事真不可靠，地方既不产烟苗，又不肯痛快缴烟浆。××公署（按，腾龙督办龙绳武的公署）规定耿马本年应缴五十万两，后来又体恤他们，减到二十万。时过半年，一半还缴不到，叫我怎样对上头说？害得我如今还住在耿马，不得回山上憩伏。”

我明白了这位“专员”只负收缴雅片的“专责”，此外非其所知，也就不必再谈下去，敷衍了几句不关痛痒的话以后就告辞出来。他送到上房门口向我说：

“回去向陶处长道歉，说我候有空就来奉看。”

闹了半天他还没有弄清楚我是谁，竟叫我替他向我自己道歉。为免再背履历的麻烦，我含糊答应着走出来。

回来时走过土司的老衙门。门前照壁外一条大街，足有七八丈宽，直通城南门。照壁与大门之间有十四五丈见方的广场，摆着一对八九尺高的石狮子。大门上挂着“耿马宣抚司”宋字直匾。从大门进去，仪门、大堂、二堂、花厅、上房，一层层建筑都是大衙门的式样。第七中队一百多士兵全住在二堂前东厢房的楼上，足见房屋的宽大。

保卫团长罕富寿住在上房里，他是裕卿的六弟，一个长得很漂亮的青年。我顺便进去看他，他的太太正患恶性疟疾，躺在堂屋炕床上，大把长发拖在枕边。脸虽然黄瘦，还显出秀丽的轮廓。我没有坐下就出来，从衙门后门回到裕卿的住宅，叫同来的刘医生去为团长太太诊病。

七月九日至七月廿四日

这十五天往大寨去了一次，视察大寨至猛撒间路线工作，共费了六天，其余九天都住在耿马。

民兵组训的工作交给理文和华文负责，已经集合了一个大队。理文兼大队长，罕富寿兼副大队长，民兵中队长由路警七中队的各分队长兼任，副中队长由土司指派。训练满期后各级正队长退出，原有的副队长改任正队长。一切给养、营房、服装、枪支都由华文负责筹办。居然颇具规模。枪支虽然种类不一，但都是能用的。裕卿决定把这一个大队作为常备队，以后训练的两个大队训练期满，散回农村，各级干部也散回去，担任递步哨、通迅网和查防敌间的责任，保持密切联络，必要时可以在一两天内集合起来。

每天都有孟定送来关于滚弄一带敌人的情报，知道敌人在这一线只有三四百人，决没有力量深入。为提防投机起见，我们在西方所有的路口上都派了斥候。路警七中队常派两个分队，往通孟定的要道隘口、蛮爱或邱山驻扎戒备。耿马城和工程地带以西有了三道警戒线：第一线在回片和糯峨；第二线在孟定；第三线在邱山和蛮爱。我们的工作可以保证安全进行。

破路工程十八日就可以认为完竣，镇康民工十九日遣散。十六日新编二十九师有一位任团长到路线上视察，说蛮弄、丫口、菜子地之间破坏不澈底。那天我正在大寨，马上叫王振祥按任所说的地方加工破坏，二十一日才算全部完工。二十九师派来掩护工作的一营步兵十八日到大寨，我们的工作已经告成，没有掩护的必要。但南定河流域是滇缅交通最容易的地带，设防总是应当的。这营步兵驻扎在大寨，地形极不利于防守。假如敌人从孟定沿南定河南岸向东进袭，共有三条路：第一条路从景星向东南上山，经邱山到耿马；第二条从景星以东的四方井上山，经蛮爱到耿马或猛撒；第三条从四方井以东的孟涧经大寨、金字塘往猛撒。金字塘是大寨通内地的咽喉，从一、二两路都可到此切断大寨的后路，这营兵便要陷于绝地。我向营长建议分兵扼守蛮爱和邱山，以防后路被袭，他说：

“我奉令驻扎大寨，不能自动分兵。”

我只得废然而退。好在路警和耿马民兵我还指挥得动，分派在邱山和蛮爱两地布防，可以作这营兵的前卫。

耿马在这种情况下可以说暂时很安全，我过了十几天闲适生活。每天早七点半起床，八时早餐，处置几件关于工程和情报的事，或和毓汉、功武、裕卿谈谈边情、计划工作的步骤。十二时午餐后作半小时的午睡。起床后吃一两枚芒果，出外闲游或往城西山涧里洗澡，五点回来休息。六点晚餐，夜晚闲谈，十时睡觉。雨季天气凉爽，每天总落一两阵雨，有时一连落两三天。人们都穿夹衣，晴天的正午穿两层单衣也不出汗。我这几天初步摸了一下耿马的情况。

耿马坝子在小黑江的源头，东西长约百里，南北宽四十里，海拔约七百公尺。北面和南定河隔着海拔二千至二千五百公尺高的马山山脉。南面和双江的猛猛①坝子

① 猛猛，今作勐勐，勐勐镇为临沧市双江拉祜族佤族布朗族傣族自治县下辖镇。

隔着一条海拔二千公尺左右的山岭。东西和猛撒坝子只隔一条很低的山腰，西面通着猛角[1]坝子。耿马坝子冈峦起伏，溪涧纵横，长条的土冈顶上都很宽平。可惜灌溉沟洫没有开通，全荒废着，一任灌林野草自由生长。冈间的小溪两岸开成冲田，面积窄狭，农田不到全坝子面积十分之一。耿马城在坝子中部靠北，建筑在从北山拖下的长冈尽头，东南西三门外都是向下倾斜的高坡。火器没发达以前，这形势是颇利于防守的。城内居民都是摆夷族，约有四百户。商人七八十家，都在南门外，多半是汉族。

耿马城五日一市集，从衙门照壁前一直到南门外街尽头的关帝庙，一里多长摆满赶街子的货摊。货物大宗是布匹、食盐、农具、土造步枪和各种枪弹，其次是炊具和针线。关帝庙后有牲口市，买卖牛马。赶街的人们各种民族都有，身上都带着枪刀。只有卡瓦族不许进城，因为摆夷是被卡瓦烧劫怕了的。

耿马坝子的水是小黑江支流之一，河床靠近南面山

---

① 猛角，今作“勐角”。勐角傣族彝族拉祜族乡，隶属于云南省临沧市沧源佤族自治县。

耿马宣抚司署

脚，自东向西流，土人称作“南辔”，意谓“鬼水”。因为河槽深狭，两岸没有可以开田的平地，水流湍急，不易建桥，洪发时泅渡的人们常被淹死，有害而无利。我去年九月曾想由耿马往双江，被山洪阻住，没有去成。去年冬天我却徒涉过两次，最小流量每秒大约有十五立方公尺，可以利用作小规模的发电厂。

耿马的农产有稻米、玉蜀黍、蕃芋、雅片和少量的棉花。我以为最好的是软米，气味像香稻，质软像上海米而不黏腻。其次是糯包麦，嫩时炒吃，很像河南的名菜“三不粘”，但味道可以是咸的。林产有茶叶和少量的桐子。水果有黄果、芒果、菠萝、香蕉、树菠萝、番荔枝和番石榴。这时令最好的是芒果，香甜不下于南洋产，我们每天下午大吃特吃。矿产有前述的四座银矿和孟涧附近的老厂铁矿，现在都停采了，只有些汉人还在各银矿的废渣里提炼硬铅，每个月只出一千多斤。与双江交界处大路旁有一处辰砂矿，冲淘天然辰砂，产量甚微。褐煤层分布很广，已经知道的有猛撒和允佑河两处。

兽类有虎、豹、熊、马鹿、麂子、狼、猴、野猪，随处可遇。兽皮是耿马大宗出产，熊掌时常可以吃到。黎索人多用毒箭猎取猛兽，我看见过一只被射死的大虎，只嘴唇皮上破了一小块，浑身没有其它伤痕。摆夷人在冬春两季也打猎，但只打马鹿和麂子，不打猛兽。鸟类非常多，我曾在猛惠河看见过成群的孔雀，上千只的鹦鹉。平田坝里偶有三五只青鹤悠闲地饮啄，秃鹫常成群地在高空翱翔，寻觅死畜或死人的尸体。成都青城山游客们认为神秘的“更鸟”在耿马并不神秘，它们急切的梆声随时随地惊起游子思归的心情。雄野鸡早晚在荒山野竹林里喧鸣，雌鸡领着成群雏鸡在路旁觅食。你如果跟着它们去寻投宿的人家，必定使你失望。爬虫的种类更多，有能吞下整匹小鹿的大蟒，有绿色半透明像翡翠镯子的青竹标，有大碗口粗、三尺长的四脚蛇。据说南定河里有鳄鱼，但我没有看见过。每座摆夷村庄后山必有一座永远不准樵采的树林，那是神蛇的住宅，据说如果砍倒一棵树，村子就会死一个人。

旧历六月十五是摆夷族的“关门节”，在这个节日以后他们不出远门，不杀生。四十岁以上的男女每天进缅寺诵经。男人夜晚睡在缅寺里。青年夫妇们虽然可以不念经，也得分床睡觉，一直到九月十五“开门节”，才恢复平时生活。富有的人家在“关门节”和“开门节”都请“佛爷”到家设坛诵经，本族和亲戚朋友送礼，参加礼佛。

这家设席款待宾客，布施僧众，这举动叫做“做摆”。土司家做摆时近城各村寨的民众夜晚都要到衙门跳舞，装扮狮子、马鹿、孔雀、猴子、土地老儿，做各种拜贺跳舞的姿式。会武艺的表演拳术和刀枪，一直闹到天亮。

这天我参加罕裕宁家做摆，他家悬灯结彩，正堂屋里张挂满壁的佛像和缅甸、印度的佛教故事画。堂屋正中扎一座华丽的小亭子，周围条桌上摆满供果和纸花。最好看的是粗灯芯盘成的供烛，有二尺高，玲珑剔透。灯芯有小手指粗，染成各种颜色。屋梁上帘下几十张锦幡，长宽像七尺对联，上下有莲光盖座，两边配着旒苏。亭子的后边两角上各插一把长柄纸伞，一个年轻和尚——佛爷，趺坐在亭子里念经。堂屋外的走廊下摆着地炕，用毡垫铺起有七八寸高。贵族的男人们都坐在地炕上，女人们在西廊下向北趺坐着念经。我进去瞻仰了佛像之后被让坐在地炕上吃茶。裕宁谈了一个锦幡上画着的牛王的故事，这故事画我曾在许多缅寺里看见过，本事是这样的：

有一天牛王觉得烦闷，下山游玩。在树林里捡了一个果子，衔着走到一条溪边。它想喝水，果子落到水里，向下游流去。

溪边村里有一位美丽而贞静的姑娘，那天正在溪里浣纱。她看见上游对岸一匹大白牛口里掉下一个果子，流到她跟前，她就捞起来。见这果子非常鲜艳甜香，不觉吃下去，就此怀孕，生下一个女儿。她没法出嫁了，天天躲在家里念经。

这无父的女儿长大，非常聪明美丽。她会绣花、念经，做许多女孩子所不会做的事。同村的女孩子都嫉妒她，背地里说她是没有父亲的孩子。她长到十五六岁时，很痛心于这种轻蔑的话。有一天她受了女伴的讽刺以后，回家问母亲：

“妈妈！我的爸爸在哪里？为什么您总不提起？”

“儿啊！”妈妈流出眼泪，叫着说，“你是没有爸爸的。要知道爸爸的消息，只好去问山里的大白牛。我吃了它衔的果子就生下你来。我为这事受尽了女伴们的讪笑，你知道我心里是痛苦啊！”

这无父女决心走进山里去找白牛。马鹿为她作向导，猴子们献水果给她当饭吃。不知道走过了多少丛林大箐、高岩深谷，也不知道看过了多少次朝霞和落日。她到了一座山，满山满谷跑的、躺的、吃草的、喝水的都是牛，但哪一匹是她所要找的呢？她向菩萨默祷，请菩萨叫那大白牛静静地躺在山洞里，让她容易找到。

她走遍了许多山洞，最后找到一座最大的洞，里面果然有一匹病着的大白牛。她看见那牛对她点头滴泪。她走上去抚摸它，它也用舌舐她的手，像老牛舐犊一样亲爱。山洞里堆积着很厚的牛粪，大白牛的身上也不干净。她往涧里取水替它洗净，又开始扫除牛粪。菩萨叫山神们帮忙，不一刻这牛王的洞变得非常干净明亮，牛王的病也好了。

牛王的臣民——小牛们从外面衔着嫩草和果子回家，看见原来极脏的洞变得这样洁净，王的病也好了，身边还多了一位如花似玉的公主，它们非常高兴，大家献果子给她吃。它们想这山洞不合给这位公主住，如是①每牛献出一只角，在洞外风景清幽的空地上造起一座雕梁画栋的高阁，请她住在阁上，不要回到人间去。

原来这公主的前身是一位天女，她和一位伴侣在天上修行，偶然动了凡心，被菩萨贬下凡尘受苦。那位伴侣也下凡托生在宣抚家做了印袭（按，即土司的

① 如是，疑当为“于是”。

少爷)，他却不愿要人间的富贵，一心想寻那前身旧伴。有一天得到菩萨的启示，他骑马逃到这山里来，在牛角造成的高阁上寻着公主，成就了神仙眷属。

这故事像连环画一样分成十六幅画在宝幡上，女子着摆夷装束，男的却是着缅甸戏台上的武将装束，有点像海派京戏上的扎靠。画法不高明，和黄陂人卖的年画差不多。我在许多乡村缅寺里看见的画上这位印袭，穿着现代军服，扛着一支步枪，更觉得幼稚可笑。

这几天还有一样可纪的事，就是耿马对于大寨驻军的供应。夷方的菜园极少，蔬菜只有瘦小的莴苣、南瓜和苦菜，价贵而难买。一个不足一斤重的南瓜平时就值半块现金，这时现金每元合国币一百元左右。士兵每名每月只有三十六元的副食费，除掉吃盐，还买不到半个小南瓜，因此不免有到民间菜园里强拿一点瓜菜的事，颇引起卡瓦族的不满。裕卿规定大寨附近的十几寨轮流供给驻军的小菜，限价极低。所得的菜价缴给圈官收管，聚集七天菜款买一口猪送给驻军打牙祭，不够的钱由司署津贴，军民情感增进了不少。

罕富民夫妇

七月廿五日

猛角董土司罕华相派四个儿子到耿马来看我。大儿子富民是印袭，年纪二十八九，躯干魁梧，穿着很漂亮的西装，脸上有几点白麻子，说话很快。他曾在昆明上过学，没有土气，语调很少摆夷学说汉话的韵味。老四、老六也都有二十几岁，不大说话，神情有点土气。老七只有十六七岁，样子很聪明，也喜欢说话。他们请我往猛董去一趟，看看那地方抗战的情绪。我说我的主要任务完了，要回弥渡向曾督办复命，抱歉不能去看望他们的父亲。富民要求我带他出去见见龙主任、宋总司令和曾督办，我答应了。

裕卿早就向我说，要出来向各位长官报告边地情形，表明他对国家的忠忱，我们在一起商量后天起程。

下午孟定的老印太来见我，她说：

“听说你家后天就要走，请你家带万贤出去看看世界，拜见曾督办、龙主席。他现在有十五六岁了，不会淘气。”

我说：“这一路很远，骑马走十几天，天又落着雨，你家可放心？”

“你家这几年照应我母子，托你家的福，我很放心。他舅舅又在一路走，也可以照应他。”

我答应带她的儿子出去，她很高兴地告辞走了。

七月十六日（补记）

毓汉和金、方一行又向麻栗坝出发，拟定从那里再往邦隆、永邦一带去。功武、夏策、浩林同猛董的老四、老六一行向猛董出发，拟定从那里再往班洪去。我嘱付报告直寄昆明，我不定哪天起程回去。

五、回程

七月廿七日

天气很好，我同裕卿、富民、万贤起程，同行的还有裕卿的兄弟老七、老八、老九，富民的兄弟老七，华文的儿子富勇，还有耿马的几个大新爷，猛董的保卫团中队长，连同从人、卫兵有四十多人。行李驮子二十多匹。出卫门时已经是过午了，孟定印太亲自出来托付我照应她的儿子，又拉着万贤叮咛了许久，经裕卿催着才放手。“关门节”后出远门是摆夷族所忌的，雨季旅行也确实困难。这位老太太居然能打破宗教的习惯，让一个未成年的骄子冒雨登上辽远的长途，真算难得。我们在宅外上马，半里长的行列缓缓前进。两旁挤满了观众，我从那些微笑的脸色上，看出他们镇定和抱着热望的心情，不复是我初来时那样的惶惶了。我出城下到高坡脚下的沟边，回头遥见城门口和城头上还站满企望的人群，我心里更加厚了对这些人们的留恋。

今天只走了十五里，在一座摆夷寨子的缅寺里憩下，有许多女人烧好菜，用高底小圆盘托着献给土司。

七月廿八日

在细雨中起程，在坝子里灌木林中感到郁热，上双马山陂时雨急风冷。有几段路泥深没膝，马行非常吃力。到石灰窑时天已晌午，开烧后再走，雨依然很大。在泥中挣扎到天黑，才抵蛮汉，住在缅寺里。在马背上磨了一整天，只走了六十里。我臀部生的湿疹都磨破皮了。

七月廿九日

上午到猛撒，破坏队驻猛撒的同事们会合后同行。候他们装驮马，下午三点才离开猛撒城。六点到蛮简缅寺，我身上发寒热，吃了两粒奎宁丸睡下，半夜醒来，汗出热退，只有点头痛。

七月三十日

早起头不痛了，用餐起程，经箐门口河底岗到猛勇。徐扬南指导民众贴了许多欢迎的标语。

我们本打算从猛勇取道猛止、干坡、麻栗寨、锡拉到云县，据宋镇长说南定河水势太大，用竹排渡过很危险，须等几天候水落再走，遂决定绕道缅宁。这条路比前一条路远两天。缅宁县城附近有一座南定河桥，不必候水落扎筏渡河。我前几天又曾派王振祥往缅宁请县政府征马从猛勇运材料到弥渡，我可以顺便去看看这交涉是否办得成功。雨季在夷方转运，人畜的生命必有多少牺牲，征马是很困难的。

八月一日

上午九时在人民欢送之下出了猛勇东门，向东南爬上山脊。走不到五里，我臀部的湿疹已经扩大成整片的疮。脱了皮的新肉粘着裤子，在平路上慢走时，紧贴在鞍子上，局部的神经已麻痹了，不觉得痛。无奈裕卿、富民他们的骑骡都是上驷，我的大青马虽然也不坏，但隔几分钟须跑几步才赶得上。马跑时我的屁股在鞍上一起一落，在上陡山坡时，我的两腿必须站在镫上，身子向前仆，使重心前移，否则有连人带马向后仰跌的危险，因此也不能死坐在鞍子上不动。粘牢的裤子时常从新肉上扯下来，散了的血液时常复充积到疮上。我想受笞刑者痛楚也不过如此。我的两脚踝上也生了几个疮，每次下马和上马时踝部充血也非常痛楚。

下午三点大雨，在路旁的小村里暂避。五点后雨才稍小，只得住下。

八月二日

早六点离开借宿的村庄，九点涉过一条山涧，这是耿马地的东南边界，往前去就是缅宁县境了。中午在一座山村里开烧，居民很穷苦，衣服褴褛，房屋矮小，没有耿马、孟定一带富裕的气象，我们只买到半个南瓜佐餐。上灯后才到缅宁县城，住在城北一座汉摆夷村庄的缅寺里。

八月三日

上午进城观光。缅宁城在南定河上游的西岸，坝子狭长，水利还好。城里有一条主要的街道，铺着碎石路面，打扫得很清洁。商店生意还兴旺，不在祥云、弥度之下。有一家北平派的饽饽铺，所做的萨其马和北平的一样。城内也有汉摆夷住家，除妇女保持着包头、长裙的装束外，生活方式完全汉化了。我们所住的缅寺建筑颇雄伟，也有汉人进去上供。

王振祥住在南门外一家马店里，他已经与县政府交涉好，由各乡合派一百廿头牛运材料，大约五天之内可以派齐。我们运行李的马到此须另雇，也托县府代办。今天找不妥，只得候到明天再走。

孟定集市

八月五日至七日

五日午间离开缅宁，顺南定河西岸向北走约十里，从桥上过到河东岸。这是一座五孔的大拱桥，西端已被河水冲坏了一点。河水位低，过桥没有阻碍。大路在河东岸，也还是顺河向北走。约三十里，向东北上山，遥望东南的大雪山，隐隐可见积雪。五、六两日开烧、住宿都是小村庄。七日宿头道水。自五日下午遇雨，七日下午才放晴。

头道水是大雪山脉的山腰，海拔一千五百公尺，高出东麓的南桥河源和西麓的南定河边都有七百多公尺。山坡陡峻而土质又疏松，滇缅铁路盘过此处，工程很艰巨，定线测量研改过一年半。我以前只从图上知道这段路线的大致情形，这次因旅行之使得亲临踏看，鞍马劳顿不算徒然了。

头道水曾设工务总段，房屋几排平列，都有瓦顶、地板、玻璃窗，现在都空着。存有不少的桌椅床板，屋外随处堆积着路工用的材料工具。有路警一中队驻扎看守。

八日早七时从头道水起程，天气晴朗。起初在铁路已成的路基上走，因为有几条深箐处土方没有填好，绕过非常困难，改走驮马路。铁路线在东坡和南桥河源上回环逆折的情形依然看得很清楚。

十点到长坡岭街，在一个卖米线和冰糖的摊子旁坐下休息。我买冰糖煮鸡蛋吃。卖冰糖的十二三岁的小姑娘样子非常活泼，黑黑的皮肤，水灵灵的大眼睛，高高的胸脯，说话快而清朗。我故意和她争论着糖的多少，她便说了一大篇人工贵、成本高的生意话。卖米线的老婆婆向我说：

"这个外省人婆娘能说着哩!"

女孩子的脸羞红了，我开始觉得她的眼神、羞态和说话能力都有点特别，尤其是胸脯发育的情形和娇小的身体不相称。我问那老婆婆：

"她订过婚吗?"

"就要结婚了，"老婆婆答道，"她和铁路上的×先生要好极了。"

所谓×先生的姓很奇怪，我知道滇缅铁路只有一个职员是这个姓，他是曾经跟我做过事的。我问小姑娘：

"×先生是叫×××吗?"

她答："是的，就住在我家里，你家可要见他?"手指着对面的齐整门楼。

我随她走进对门院子里，×恰站在书房门口。她向他说：

“Ah！有人找你。”她对他的眼光和神态是那样的热情而自然，是超乎情人以上的新妇的神态。

下午二点到草皮街，走过新筑成的南桥河铁索桥，入云县城，住路警第二大队队部。我身上的疮这几天在马鞍上磨擦，整块皮肤早都脱了，疮痂结了又粘掉不知有多少次，初两天还知道痛，现在已成溃烂的情形，整天流脓血，不知道痛了。到云县后即往诊所诊治，医生用一块一尺见方的纱布涂满药膏给我贴上，华士林透到裤子外面，见人家的床铺和有布垫的椅子都不敢坐。

八月十日

昨天在云县休息，驻扎顺宁的三十九师官师长派参谋长来迎接三位土司。今天一早起程，我雇到一乘滑杆，雨天蒙在油布矮棚下面，非常气闷，但臀部的疮可免再在马鞍上磨擦。滑杆夫每名每天工资一百五十元，比廿七年涨了二百倍。

我们本应当取道神洲渡、公郎、南涧往弥渡。因为此时澜沧江正发洪水，神洲渡不一定每天能过。公郎、弥渡间的公路被雨冲坏，不能行车，改道顺宁、蒙化。这一路澜沧江上有铁索桥，又可顺便应酬官师长的邀请。

从云县到顺宁是沿保云公路向西北走，公路已经破坏，但还是容易通行。下午五点离顺宁县城十里，三十九师迎接的队伍鹄立雨中候接。土司们下马，由参谋长陪着在敬礼号音中走过队伍的面前，又在参谋长恭敬的谦让中上了马。迎接的队伍又从路旁跑步赶出，马前整列前导，城南门外又有另一连官兵候接。街上布满岗位，一直排到土司们住处的门口。边地土司被中央军队如此恭迎，可算得“异数”，明末秦良玉以后这一次大约是仅有的吧！

顺宁是河边的一座山城，地方并不大，县境内的水利特别好，山坡上的梯田一直种到山顶，情形很像四川。近年种茶业发达，城内外有十几家制茶厂，每年销售下关的春茶和红茶有两万担以上，所以城乡的街道房屋都很齐整。因为交通限制，制茶工业至今还留滞在手工业和小工厂的阶段。顺宁的茶种来自双江的猛库，和猛撒茶同出一源。预料滇缅铁路通车以后，顺宁茶叶必还有长足的进步。而猛库、猛撒一带的经济状况必大可发展，决不致长久停滞在原始农业社会的阶段上，是可断言的。

我和土司们都住在任民汉家里。民汉是裕卿的“师爷”，他的父亲和叔父都做过县长团长等官职。家里有一片茶山和一座小茶厂，每年出产三四百担红茶，生活相当富裕。顺宁在没有茶叶以前，虽然农产的谷米不缺乏，因为交通困难，谷物不能外销，生活相当艰苦，人们常往猛库贩茶运往下关出售，所以有“走夷方”的习惯。有头面的人物多和土司有交情。民汉虽然是一位“少爷”，在中学没有读满的年龄就被父亲托付给罕裕卿照管。他虽然是“师爷”，但花裕卿的钱并没有限制，平时每年也在一万以上。他家款待裕卿自然很隆重丰腆。我们小住了三天，饮食起居都非常舒服。

顺宁有一位×师长是“将门之子”，现在解职家居。他是裕卿的父亲的干儿子，前几年两家不大来往了，这次也非常亲热地招待，并约裕卿同行往昆明。当晚民汉对我说：

“×师长对裕卿并没有好感，他这次约同往昆明一定是借土司以自重，图谋复职。就是官师长也有利用土司们的意思，土司们是信任中央、信任您才跟您进省，何必给他们利用呢？”

我说：“我此次陪各土司进省，是利用机会替国家、替边区做一点好事，并没有对上邀功的意思。他们和土司们拉拢，无论动机如何，总表示出他们知道边区对军事上的重要，比一味摧残小民族的人们眼光远得多。我只应帮助他们拉拢，增加日后军队在边区上的便利，犯不着阻碍他们间的交谊。”

八月十四日至二十日

我们在顺宁住了三天，受着任民汉家优渥的款待，每餐吃顺宁特产的甜笋和鸡菱。参观了两家制革厂和茶厂，规模都很小，且又因战事影响停了工，看不出什么道理来。谭荫洪早三天已到了顺宁，押运的工具因驮马难雇，托商会主席木锦春暂为保管。炸药则已转运往弥渡去了。顺宁以东没有瘴气，驮马难雇的第一个原因是过境军队用马多，而百姓们把马藏进山里去了。第二是下关茶价大涨，地方有力者如木锦春、×寡妇之流和驻军首脑们把能拉到的马拉尽，驮茶出去。小谭转运炸药的马是进山去找着马主雇来的，马主们都愿意替铁路服务，但不敢赶马进城。他们用人力把炸药背到秘密地方捆驮绕小路走，免和军队打麻烦。

十四日从顺宁出发，第一天宿新村，第二天过澜沧江桥宿鲁史。江桥两端都有百余公尺高的石岩，傍崖凿路，工程很可观。铁索桥长有九十公尺，其下波涛汹涌，激石如雷，万壑响应。我和官师长、罕裕卿坐在东端亭下小憩，谈话为水声所掩，竟听不见。东坡的名句“江流有声，断岸千尺”和“怪石穿空，惊涛拍岸，卷起千堆雪”咏赤壁觉得过火，移咏此处，更为恰当。鲁史街居民和商店不过二三百家。旅店有布置精巧的小花厅。第三天用竹筏渡漾濞江，宿小平街。第四天宿鼠街。天气都好。第五天宿蒙化，途中大雨，越蒙化东山时风寒澈骨。西行军队单衫短裤，科头跣足，踯躅泥途，路旁时见遗尸。在蒙化馆饶子菁家，晚餐姚逵九处，其夫人询问我眷属行止甚详。第六天宿弥渡曾督办公馆。我这一次蛮烟涨雨中的旅行到此告一段路。

六、煞尾

到弥渡的第三天，陪裕卿等往大理谒宋希濂将军和李印泉[①]先生。李先生住在大理城里一座小宅子里，地方非常幽静，院内有几株树。他正因血压过高，在此静养。但在病中还替国军做着联络腾龙土司的工作。那些已经降敌的如刀宝图之流都和他通讯，表示得当报国的决心。他听到我们进谒，即刻从楼上下来接见。

出乎我的意料之外，这位久寓苏州的国家元老，头戴大红结子平顶瓜皮帽，穿土布的老式长袍马褂。袍子很短，马褂却特别长大，脚穿粗布鞋袜，完全是乡下老儿的装束。魁梧直挺的身体，多皱的紫棠色的方脸，稀疏的斑白胡须，雄浑的声音，无处不显出淳朴、厚重、坚强的气概。眼光锐利而又慈祥。他用粗大的手和我们热烈地握

---

① 李印泉（1879—1965），名根源，字印泉，又字养溪、雪生，号曲石，别署高黎贡山人，祖籍山东益都，生于云南腾越（今云南腾冲）。

过，向各土司道了长途辛苦，就高谈起年来边政的窳败，边官的用人失当，边民所受的痛苦。他非常愤慨，声音越说越高，激动到满头大汗，眼睛炯炯射出火的光芒，忽然显露脑溢血的状态，他才闭目暂时休息。土司们都被感动得流出泪来。大家静默了几分钟后，他睁开眼说：

“那些作恶的贪官污吏们我一个也不能饶，就是×××逼种鸦片的事我也不能放过。”

他又对裕卿说：“你的父亲是边区了不得的人物，我虽然没有见过他，却时常通讯。现在他过去了，你应该当我是你自己的叔父，有事写信告诉我，不要怕他们。”

我简单地向他报告了边地对于抗战设施的情形，恐怕他病中谈话太多，就告辞出来。他叫他的第五个儿子陪我们到一家馆子里吃晚饭。

我们在大理住了一天，回到弥渡。曾督办已经从昆明回来，我详细报告此次工作的情形。他接见各土司后很激奖了一番。留在公馆住了三天，叫我陪他们进省谒见龙主席。

我到昆明时母亲因避空袭，已经离昆明半月之久，到贵阳去了。妻住在观音寺的新村里，我路过新村时稍谈别后情形。她交给我几件曾功武等从边区快递来的工作报告，内容如下：

职等于耿马出发之第三日到达猛董，土司罕华相当即招集所属各头人会商组织民兵，成立递步哨等项。各头人均热烈拥护七七在耿决议办法。

前数日猛角董与南邻永和（卡瓦族）因人民偷牛斗殴细故发生龃龉，两方人民准备械斗。职等闻知即召永和头人（卡瓦族无姓名）来董，晓以大义，并由职给与斗殴受伤人以养伤费，该头人感激欢喜而去。惟闻设治局×专员对此办法表示不满，谓职等不应收买人心。恐其向上级告讦，请得机辨白以免误会。

职等拟在猛董耽搁三天即往班洪。

上校大队长曾功武 七、十九

职等由猛董赴班洪，在南散即闻班洪王胡忠华前数日已将代表赵子福杀死，原因不明。职等仍继续前进，廿五日到达班洪。胡忠华不肯接见，安置职等于赵之故宅，血迹斑然。外围卡瓦兵数百，实弹露刃，巡逻甚严。语言不通，莫测其故。深夜忠华之妹夫汉人张某潜告，谓胡以赵子福谋篡王位，已杀却矣。复以君等前曾与赵通函，认为同党，将有不利。言毕仓皇欲去。职夏策急请其通报于忠华之爱妾，张允而去。忠华爱妾即孟定新爷岳相之甥，通汉语。夏策前年冬与岳赴班洪商雇路工时曾与相识者也。次日忠华接见，其妾在旁为通译。职等俱道中央关注边陲之至意，并详释抗战之意义。忠华感动，撤去守兵，迁职等入居其宫，召所属十七王行谒见钦差礼，并请代撰电文呈委座，报告拥护中央之决心。

查中缅划界交涉前拖延数十年不决，班洪始终自认为中国土地，其前王胡忠汉曾与英军作战数次，英人图谋甚久之班洪银矿至今未能开采，实其力也。对职等之监视出于误会，亦由于政府与边区过于隔阂之故，此后军队政治工作应特予注意。又班洪为鸦片之总汇，过去夷方屡次戕害，及夷民对官吏之鄙视，均从勒索鸦片起，边区政工人员之遴选应特别注重操守。

又卡瓦不通汉语，可靠之政工人员通卡语者势亦难得。职等此次深入蛮荒，用少量之语言收宏大之效果，觉人类可以行动及精神相感召。质朴如卡瓦族者感召更易。故政工人员行动端正，态度诚恳，可以补语言之不足。

职等拟日内回猛董，求得关系后再赴岩帅、蛮海。

功武　七、廿四

本组七月十六日自耿马出发，经孟定、糯峨、茶园，廿一日出国界，首至永邦。此为卡瓦族土邦，人口二千户，土司麻哈先世与班洪为兄弟。二十三年曾联合班洪抗英兵之进袭。去岁滇缅定界，始划归缅甸。麻哈知本组来意大喜，指天誓曰愿效忠祖国，亲作函致缅境萨尔温江东岸塔挺、金弄、钢市、芒贵、蛮连、额列、磨列等处酋长，约一致拥护祖国抗战到底。次日有兴威土司使来约降。麻哈谓曰："我已归还祖国，虽断头不降敌也。"愿加汉姓作归还祖国纪念。顾门外河中有灵者为龙，固姓龙。此地有联村组织。民众动员敏捷，惟少现代武器耳。

毓汉　七、廿二

本组到永邦之第三日，职正拟单人先赴邦隆，察其动静。适其行政长官马美廷派使欢迎，遂全组同往。至则见该处已悬敌国旗。美廷迎本组入私室，谓本处虽早属缅境，然美廷未尝一日忘祖国。今强敌压境，而国军远在五百里外，不得不与敌貌为妥协，以免地方糜滥，并为将来作进一步工作之准备；此种苦衷应能见谅于祖国云云。该处民众本有相当组织，枪械甚多。境内有萨尔温江渡口数处，为趋瓦城之捷径，故为军事上不可忽视之地点。本组与美廷约定此后联系办法后即赴班劳，美廷派其子及头目数十人相送一日程以表依依之意……

航汉 七、廿六

本组七月廿八日到班劳，此亦为卡瓦族地，户口八百。其酋控敢，召集所属十五王开会欢迎，致词谓："我辈只知有汉朝，不知其他，君等留居此地，即可见我等之忠忱也。"

本组拟即回耿马。

航汉 七、卅

我们在路上绕道和休息，耽延的日期并不多，这些报告竟都在我们之前递到昆明，边区递信网总算没有白设。

妻候我看完报告，向我说：

“前些时昆明天天有空袭，我只得请母亲往贵阳去躲避。同事们的小包车不少，但这家要送太太走，那家要送姨太太走，那家要送外老太太走，我跑了两天，一辆也借不到，只得亲自求督办派车。蒙他答应派一辆卡车，等我按号码找到这辆卡车时，车上已经装满了行李。我只好另托朋友找了一辆商人的卡车，请五妹带着几个人护送。我看着老人家坐在卡车前面走上长途，满心怜悯和气愤。可怜的老人，一面记挂着你，一面还安慰我，说她坐得很舒服。我想你如果不往夷方去，母亲不会受这样的罪吧！”

她言下还有余愤，我心里也有点不痛快，但我说什么呢？中国人没有为前线人员家属服务的训练和习惯。紧急关头，大家只顾自己，这是常人之情。期望一般人做“非常人”的事，是必定要失望的。我这样想过之后，心里的一点不痛快也释然了，我说：

“希圣一家九口安全逃出了九龙，我又安全逃出了缅甸。我想母亲对天下的一切事都是满意的，她或者真不以坐卡车走长途为苦吧。”

“这些时她只记挂你们，并不愁苦。这次走，有在贵阳看见那些孙子们的希望，坐上车时虽然还留恋着我们，却也很高兴。不过你以儿子的立场，不应当便以母亲这样远行为满足。”她送我上车时问：“小谭回来了吗？陆其华来问过三趟了。”

“也就快回来了。”我说，“我派他在顺宁转运器材。”

“他们的婚期已经延展了三次，你还不让小谭早点回来，你这人太不体贴人情！”她讽刺地微笑了。

这里补记一件事。我在耿马境内视察破路工程的时候，走到哪个寨子，哪个寨子就有人告状，说×专员逼缴烟浆，吊打老百姓，被逼死的人不只一个。起初，我只是说我是铁路上的人，管不了专员的事。后来遇到死者家属哭诉，我对边官的残暴很气愤。我向诉苦的老百姓说：“你们不要太老实了，他敲诈你们的钱，你们要他还钱；他逼死你们的人，你们要他还命。大伙一起去，人多力量大，怕哪样！”我们回昆明路过大理转运站的时候，站上交给我一封密电，是李廷瑞从耿马发来的。电报说耿马群众围着设治局要求×专员出来算帐，×专员不敢出来，吞鸦片自尽了。前几个月谎报耿马土司叛变的，就是这个专员。

附　录

陶述曾之子的相关回忆

陶鼎来[①]

“耕读传家”

陶氏家族迁居到陶胜六以后，便以农为业，把陶胜六这个村子建设成为较好的农业生产基地。明末清初（公元1644年前后），中国北方战火蔓延，又逢大旱，大批文人学者逃到南方，有的流落在陶胜六一带。当地人就请他们教孩子识字念书，也从他们那里了解一些外面的情况。渐

① 陶鼎来（1920—2016），农业工程学家，湖北新洲人。1942年毕业于西南联合大学机械工程系。1947年毕业于美国明尼苏达大学农业工程系，获农业工程学硕士学位。1948年由美回国。历任中国农业科学院北方农业机械化研究所农业机械应用修理研究室主任、副所长，中国农业机械化科学研究院副院长，中国农业科学院副院长，中国农业工程研究设计院院长等职。

陶述曾与夫人向韵秋、儿子陶鼎来，摄于1945年春

渐地，陶胜六的人中，有一些就不完全务农，改而从事其他的职业，如读书做文人，或从商做生意。他们也就不再困守在陶胜六这个村子里，而是根据需要走出村子到外地去。

我们的祖先中就有一位（应当是我的太太高祖）读了些书，认识些字，决定放弃种田，出外做生意。他发了财，回来置田 400 多亩，另外还开了一家当铺。以中国现在的标准，是属于大地主和资本家了。他的母亲姓揭，有 4 个儿子、18 个孙儿，加上更多的重孙，五代没有分家，全家共有 120 多人，需要敲锣才能把大家召集到一起吃饭，所以是一个非常大的家庭。他的二儿子，也就是我的太高祖，还未结婚时随叔父到四川重庆做生意，遇到白莲教的战乱，死在重庆。

他既没有结婚，没有儿子，为什么能成为我们的太高祖呢？原来那时中国的家族实行一种过继制度，就是没有儿子的人家，可以从亲兄弟的众多儿子中挑选一个，作为养子，以继续这一家的烟火。这种过继当然需要得到兄弟双方同意，并立下正式字据，作为凭证。过继制度之所以能够存在，是因为那时中国是典型的男权社会，只有男孩有继承权，女孩再多，总是要嫁出去的，不能撑起一个家庭的门户。（一般女孩都没有正式的名字，嫁出去都是随丈夫的姓。有些西方国家到现在也还是这样!）所以，一家如果不能生下一个男孩，或生下的男孩未及成年就夭折了，就是这一家的了不起的大事，必须从别人家里“抱”一个男孩过来为之传宗接代。对原来不能生男孩的养父母来说，年纪大了，也可以有人侍养。同时因为正式过继的孩子有财产继承权，儿子多的人家也愿意把儿子过继出去。例如我的太太高祖有田 400 亩，他有四个儿子（也叫四房），分家以后，每房还有田 100 亩。如果其中有一房又生 4 个儿子，每个儿子就只能分到 25 亩。所以生儿子越多的这一房，儿子分到的遗产越少；而过继到没有儿子的那一房去，等于是那一房的独子，可以分到更多的遗产。这种按男孩数目平均分配遗产的制度，在中国得到普遍推行的结果，是财产不可能永远集中在一家人手里，不要几代，便都分散了。开始分家时是平均分配，过后不久，由于经营能力的差别，有的房会很富，有的房会很穷。这样，我的太太高祖虽然曾经是大地主兼资本家，到了我的高祖，所有的田地和其他财产就不多了，只能维持一种小康生活。

高祖的名字叫维四。他虽然读书识字，却没有继承先业去做生意，而是愿意留在家里种田和读书。父亲记得屋里悬挂有高祖写下的一块匾，上面有两个字："垂碧。"可能是继承陶渊明《五柳先生传》的原意，不求功名，但愿以耕田务农求生，以读书自娱和修养性情，并以这种方式影响后代，做到"耕读传家"。中国文化里有一种传统，就是重视农耕，认为农民是自食其力的老实人；而读书，尤其是读圣贤书，则是提高人的文化水平、开阔人的视野所不可少的。所以我的高祖作出的"耕读传家"这个决定，对我家后来的发展，影响深远。他的一个儿子，也就是我的曾祖，名启栋，号上亭，果然继承他的志向，也是要做到"耕读传家"。

曾祖读了许多书，很有见识，但胆小怕事，一生没有参加功名考试，只在家乡做过相当于村长一类的工作。他有三个儿子和两个女儿。他满足于家传的小康生活，而以自己的学识用心培养儿子们，希望他们能够做出更大的事业。儿子们不负所望，都取得了一定成就。大儿子过继给了上一辈的大房，是一名武秀才。二儿子（也就是我的祖父）和三儿子（我的叔祖父）都考取了功名，出外教书或做官。

祖父母的业绩

我的祖父名炯照，字月波（另作月舸），清同治七年（1868年）生于新洲区陶胜六乡。幼随父上亭公熟读诗书，工于书法。后入武昌经心书院读书。清光绪二十三年（1897年）经省考，擢为拔贡，二十五年（1899年）大挑为八旗官学汉教习，在军机大臣荣禄家当家庭教师。次年到西安，任陕西提学使沈卫的阅卷师爷。当时正值清廷晚期，在中国实行了1600多年、主要考验人们是否熟读古书和能写八股文章的选拔人才的科举制度开始有所改革，停止招考进士的朝廷殿试，改为实行由中央和地方保举有办实事能力的人，即“经济特科”。祖父因此无缘沿着举人、进士、翰林的传统科举道路上进，而是在光绪二十九年（1903年）“经济特科”的选拔中获得一等，随即被任命为河南省夏邑县的县官。

夏邑地处河南省东部，北面是山东曹州，东面是江苏丰县，南面是安徽亳县。在这个四省交界的地方，土匪在一处作案后可以逃到外省躲藏，因此盗匪出没频繁，官府很难治理。祖父得到这个官职后，就召集能人组成精悍捕快队伍，很快使地方治安状况得到改进。当地土匪的特点是流动性大，捕快队一旦发现便快骑追赶，一追到底，出县、出省也不罢休，直到捉拿归案为止。祖父本来是一个文人，为了亲自追捕盗匪，也学会了骑马追击。在他的带领下，不出几个月，夏邑的治安情况便得到好转，盗匪几乎绝迹。

祖父在夏邑的另一项建树是领导百姓兴建水利工程。河南东部地势低洼，排水不良。他到任后，在农闲季节带领全县绅民开浚了 70 多条沟渠，治理涝灾，第二年获得丰收，因此受到当地人民的称颂。

由于治理夏邑有方，祖父被调任新野县知县。新野位于河南省西南部，与湖北襄阳接壤，这里同样有窜县、窜省作案的盗匪。祖父到任后，首先便率领他组织起来的快骑队伍肃清盗匪，使百姓能够安居乐业。其次，他发现前任政府留下许多欺压老百姓的苛捐杂税，便一一加以废除，减轻百姓的负担。他还发现在农民上交国家的税中，有一部分是可以留给地方的，前任县长们一般都据为己有，他认为不应当这样，决定用这笔钱为地方办一座新式中学。

1911 年，祖父调任河南省西部的洛阳县知县。这时革命浪潮四起，清政府为了镇压陕西省的革命势力，要调运一些重炮。重炮运到洛阳，因路途梗阻，不能西进，就留在了洛阳。横行华北的大土匪王天纵纠集了一万多人，从南面来攻打洛阳。祖父一方面在城里布置重炮，抵御土匪攻城；一方面亲自率领精锐部队出城，抄到敌人后方，使敌人得不到粮草接济，很快散去。这是父亲经常说起的，由祖父亲自率兵打过的一次大胜仗。

以后，清帝逊位，民国成立，祖父回到湖北，任武昌军政府财政司秘书，后任黄陂县县长，又于民国四年（1915 年）升任河南省汝南道道尹，未及有所建树，就于 1921 年初因黄疸病（肝炎）逝世，年 53 岁。

我的祖母姓揭，是出身于书香家庭、很有教养又很能干的女子。她来我家时才 17 岁。曾祖不管家务，当祖父和叔祖父都外出时，家里的田地以及一切其他家务就都交由当时很年轻的祖母来管。当时从上辈传下来的田地已经不多，祖父在外教书的收入间或拿回家买一两亩田，为数也很有限。祖母非常勤劳，为了维持一家的生活，她要求自己每天织出一匹布，并且带动家里的妇女们也纺线织布，增加一点收入。陶胜六一带的倒水河流域是有名的棉花产地，纺纱织布是当地流行的家庭副业。当时还没有现代的棉纺工业，陶胜六产的“家机布”曾经是有名的外销产品，远销到四川、贵州、云南等地。后来祖父做了官，祖母带孩子们住在河南几个县的官邸，但只要回到陶胜六或仓子埠，她还要带领妇女们织布。我记得见过在仓子埠的用木头制成的织布机。婶母写的传记文章中，也提到祖母规定她和母亲每天织多少布的事。

祖母生了七个孩子。前四个都是女孩，第五个出生的男孩，就是我的父亲。第六个也是男孩，是我的叔父。第七个最小，又是女孩。所以我一共有一个叔父和五个姑妈。但是到我出世的时候，前四个姑妈里已经有两个夭折，我知道的只有三个姑妈。当地习惯把女性当男性称呼，我称她们为大伯、二伯和五爷。父亲的名字叫述曾，字翼圣。叔父的名字叫汇曾，字希圣。大伯和二伯没有正式的名字，五爷可能因为读了书，又会写字，家里把她当男孩子看待，起名五可。

祖父非常重视个人的文化道德修养，认为待人应当宽厚，处己应当谦恭。他当县官，对犯了罪的人也讲仁慈，关心他们的疾苦。他严禁狱吏克扣犯人的伙食费，要祖母定期检查监狱里饭菜的质量，使犯人们大为感动。祖父调动工作时，犯人们都匍匐在地，舍不得这位好官和夫人的离去。这个动人的情景，使当时尚年幼的父亲和叔父终生难忘。

在家庭教育方面，祖父坚持上辈留下的“耕读传家”家风。他亲自启蒙儿子们熟读四书五经，向他们讲解历史故事和做人的道理。在他工作繁忙无暇亲自教子时，也要请先生来家教他们，或把他们送到别家办的私塾去。当时社会上对传统的教育方式开始有所改革，一些地方按新方式办起小学、中学。祖父为了能让孩子们及时受到新式教育，当家在新野和洛阳时，就让幼小的他们离家到汴梁（开封）去上中学，当时叔父不过9岁。辛亥革命后，祖父的官职改到湖北，全家回到陶胜六。后来，也是按照他的意愿，两个儿子远赴北京，进了当时中国最先进的高等学府——北京大学和北洋大学。

祖父一生，走过的是中国传统知识分子“学而优则仕”的道路。他要做一名清官，这可以从我家没有很多田地和其他贵重资产得到证明。他为官就是要为百姓创造安居乐业的生活环境，所以要与盗匪为敌，并重视发展农业生产。他熟读诗书，是一个典型的孔孟儒家的信仰者，要为国家、为人民建功立业。他曾告诫父亲说：“沉醉于温柔乡，不是好儿男。我们是儒家，要‘用世’，不要‘出世’。佛家、道家出世，固然不好，隐士也无用!”显然，他自己这样做了，也要求他的子孙们这样做。他晚年在湖北，适逢张之洞倡导举办实业，发展经济，他受到过影响，但仍坚持读书为上，去世前曾写一副对联以言志：

邓石如有此联仿其意书之

幸有两眼明多交益友；

苦无十年暇熟读奇书。

月波老人作于苍溪寄庐

儒家思想对祖父有桎梏的一面，那就是限制他接受当时汹涌全国的革命思潮。他并不是没有机会接触到当时的新思想，他的同榜沈钧儒先生就是具有明确的现代民主思想的先进人物。多少年后，在国民党统治时期，沈先生积极反对国民党独裁，成为有名的主张民主的“七君子”之一，并领导成立了民主同盟，支持共产党打败了国民党。祖父则不仅要求自己做一名好官，而且当孩子们准备出走参加革命起义的时候，他还明确地制止了他们。他不赞成暴力革命，认为只有读好书，才能为国家、为人民做好事。所以，他决定要孩子们去北平上新成立的大学。而这，却又成了他鼓励他们接受新思想的明确标志。

亲密无间的少年兄弟

父亲比叔父大三岁，但叔父聪明过人，很小就能读书识字，兄弟俩自小便在一块儿就读：听同一个老师在私塾讲课；一同上小学、上中学；甚至一同到北京去上同一个北京大学（预科），那时叔父不过16岁。他们亲密相伴地度过了幼年时期。

两人在学习上有了分歧，首先是父亲跟着祖父住在夏邑和新野的官邸时，喜欢和祖父属下那些会武功的捕快们打交道，也喜欢他们喂养的马，因此很快就学会了骑马弄枪。父亲一直记得他那时喜欢骑的一匹特别高大的白马。祖父向他说过："天下将有大难，子弟不可不知兵。"所以他从小就有从军的志向，也认真学过《孙子兵法》。叔父却似乎没有学过骑马和弄枪，对从军也不感兴趣，虽然他后来在革命军的队伍里工作过，但那只是军中的文职工作。这可能是因为他生性喜文不喜武，也可能是因为他那时年龄的确太小。另一个不同点是他们虽然一同到了北京，一同考上了北京大学预科，并且一同进了文学院，然而不久父亲就决定改学理工，被分配到在天津新成立的北洋大学；叔父则留在北京大学学法律。这一个区别决定了两兄弟后来走上不同的人生道路，再也没有汇合到一起。

我经常听父亲说起他和叔父的性格不同：他们一起上小学、中学，出门前在家吃早饭，叔父往往为了饭菜不合口味或穿的衣服不合心意而发脾气，以致来不及吃完就得走了；而父亲总是不急不忙，把饭吃好了再走。

学业上的分歧和性格的不同，并不影响两兄弟的亲密无间。这可以从以下的事实得到证明：我自小不按常规把我的父亲叫作“父亲”，而叫作“伯伯”，把叔父则按常规叫作“叔叔”；而叔父的孩子们也不把他们的父亲叫作“父亲”，而是跟我叫作“叔叔”，把我的父亲则按常规叫作“伯伯”。所以，我家的孩子们似乎都没有“父亲”，只有“叔叔”和“伯伯”。这种称呼方式说明父亲和叔父在各自结婚生子以后，亲密关系也没有改变。事实上，直到他们离开了陶胜六的大家庭，有了各自的小家庭，孩子们长大成人后，也都还是这样称呼。

1921 年大学毕业以后，兄弟两人根据各自所学，离家到社会上谋生，很少有机会见面。父亲的工作地点主要在河南、江西、广东、海南、广西、云南等省远在荒野的水利、道路等工程的施工现场，交通不便，生活条件艰苦；叔父的工作地点则主要在武汉、上海、北京等适合搞政治工作的地方和大学所在地。因此两家很难相遇，甚至通信也少。他们不仅工作地点相去遥远，而且工作性质完全不同，以致对彼此在事业上几乎没有什么帮助。在那时的社会，一切活动要靠人情关系，所谓“一人得道，鸡犬升天”，也就是说一个家庭里只要有一个人当了大官，家里的任何人，甚至鸡犬都会得到好处。但我们家的这两兄弟，却没有互相沾光。后来，曾经有人问我：“你叔父早当了大官，为什么你父亲还要干那样艰苦的工作呢?”的确，父亲和叔父两人幼时很亲密，进入社会以后却一直是完全分开独立的，原因可能是两人自幼就心怀大志，要独自创建自己的事业。

两家关系最密切的时候，可能就是当我 9 岁时，为了使我能受到正规的小学教育，母亲把我从广东北部山区的坪石送到上海，住在叔父家的那一段日子。那时，我成为联系两个家庭的纽带。

在那以后不久，叔父被聘到北京大学任教，全家离开上海。祖母和五爷到上海照料我读书。当我长到十一二岁时，有一天我无意间在叔父给祖母的信中，了解到原来他和父亲在对待大伯伯（他们的大姐）的态度上有很大的分歧。叔父认为大伯伯不住在婆家（周家），却带着孩子长期住在娘家（我们陶家），把陶家的财产占用光了；父亲则认为大姐的婆家家景（境）不好，姐夫去世以后，住到我们家是应该的。这也说明两人的性格有很大的不同。我当时刚懂一些事情，这个发现使我很吃惊——原来我们家存在这样的问题。

席卷中国的革命浪潮把叔父推进中国近代的政治漩涡。他随汪精卫出走，后来又随蒋介石到台湾，都给父亲带来难以言状的精神冲击。发生这些事情以后，父亲就不再在人前提到他的弟弟，但他心中对弟弟的关切和思念，却是显而易见的。1977 年叔父的女儿琴薰去武汉，住在我家养病。我父母对她的关怀和抚爱使她异常感动，她因此成为这一时期联系分处海峡两岸的两个兄弟家庭的纽带。这使我想到当年我住在上海叔父家时的情景，只是那时父亲和叔父的事业不过刚刚开始，而现在他们都已饱经沧桑，接近人生的终点。1987 年，叔父 90 岁，已经 93 岁的父亲毕恭毕敬地写了一百个“寿”字（百寿图），辗转托人带到台湾，为他祝寿。亲情如此，可惜兄弟离别数十年后，始终没有机会再见一面。

陶述曾与夫人向韵秋

我的母亲

我的母亲姓向名韵秋，是湖北省沙市人。外祖父在清朝为官，与祖父相识，因此母亲嫁到陶家是门当户对。但是好景不长，母亲嫁后不久，父母、哥嫂便相继去世，留下成为幼小孤儿的两个侄子增寿和眉寿，母亲不得不把他们带到婆家。从此，母亲在大家庭中的地位就一落千丈。母亲常对我说："幸好你的祖父、父亲为人宽厚，可怜他们!"可以想象，在一个由祖母当家，同时住着大伯伯（方言中的称谓，即大姑母）一家人的大家庭里，母亲带着娘家的两个孤儿会是怎样的处境。但是在母亲身边的这两个孤儿，却成了我儿时最亲密的伴侣。

除了把两个侄子带到陶家，母亲生的第一胎是女儿，而且不久夭折，这就使她在大家庭中的处境更为困难。她因此不得不谨小慎微，待人接物处处小心容忍，也因此更增加对支持她的公公和丈夫的敬爱。她一生对陶家的"厚道"念念不忘，也经常教导我要像我的祖父和父亲那样做人。在我所属的这个大家庭里，母亲和祖母，和各位姑母、婶母以及所有其他成员之间，从来没有发生过任何顶嘴、吵架、斗殴等不和，但自己却在颈边生了一连串的“气粒子”，据说是长期抑郁，不得发泄才生出这些东西的。

父亲大学毕业，初入社会就事业不顺，向亲戚们借了许多债。这些亲戚又都是靠放债度日的，所以父亲母亲一直在被逼着还债。为此父亲不得不很早就出外谋生，但工作不外当工程师和教书，工资不高。母亲随他在外，为了积蓄还债，不得不过十分艰苦的日子。这被逼债、还债的生活拖了几十年，使母亲习惯于非常简朴的生活。她一生没有享受过精美的膳食，偶尔有一点好的菜肴，总是留给父亲和我，克扣她自己。因此她长期营养不足，患有严重的心脏病，直到五十多岁后欠债还清，生活有所改善，才稍有好转。她从来不购置贵重的衣物、首饰，也不重视家具、房屋，而能甘心情愿随着父亲辗转住在一些荒无人烟的铁路、公路建筑工地上。最难得的是在抗日战争期间，父亲负责滇缅铁路最西段的修建，那里是中缅边境的民族地区，不仅人民的生活习惯与内地不同，异常艰苦，而且有瘴气。外地去的人很难在那里生存，但父亲必须带领大批工程技术人员前去。为了照顾父亲的生活，母亲主动提出要把家随大队搬到那里。在她的带动下，许多年轻人的家属也都决定随队前去。后来母亲曾对我说:“初去时真叫人害怕,打开窗户,就看见不远的旗杆上挂着人头!”但她还是坚持在那里住下去了,直到工程停止,大队人马撤回。许多人说看不出母亲这个柔弱女子,能有这样大的勇气与气魄,为了鼓励父亲完成国家任务,不惜牺牲自己。

在大家庭中的处境和长期的负债生活,也使母亲亲身体会到人生的不幸,从而产生对弱者的深切同情和对社会公正的执着。她待人和蔼,从不盛气凌人,即使对我,她自己的孩子,也没有大声呵责过。对佣人,她总是用商量的口吻行事,不发布硬性命令。加以父亲虽然相貌威严,实际上也是很少发脾气的慈祥长者,因此我们这个以母亲为主的小家庭里总是充满慈爱、宁静的气氛,不像有些人家经常孩子哭嚎、大人斗嘴,闹成一团。对父亲的友人、同事、下属、学生和他们的家属,母亲总是尊敬、关怀,多方予以安慰和帮助。在荒野工地上生活的职工和家属自然形成一个社会,母亲便成为凝聚大家的核心,与许多家庭建立了深厚的感情。这不仅消除了自己的寂寞,而且为稳定职工们在艰苦工作环境中的情绪发挥了重要作用,成为保证工程顺利进行的一种力量。李昌玉先生后来(2001年)

发现的关于盛胜宝与邵芳的故事，就明确地说明了这一点。所以我的母亲虽然不懂技术，没有接受过高等教育，却以她那对父亲的敬爱和不畏艰苦、和善待人的性格，成为父亲一生事业中有力的助手。

母亲常对我说："爸爸和你都是国家的人，我不会拖累你们!"其实，岂止是不拖累而已？应当说没有母亲的爱和支持，就没有父亲和我的一切！

七七事变

西安事变发生后仅半年时间，日本鬼子就于 1937 年的 7 月 7 日，在北平城外的卢沟桥挑起事端。中国国内的形势很清楚，全国一致、团结抗日的局面已经形成，日本再不动手，以后就没有机会了。果然，日本在挑起卢沟桥事件后，所遇到的中国再不是过去节节后退的中国，而是一个奋起抵抗的中国。

一年以前，父亲应邀到了海南岛，负责环岛的琼崖铁路的勘测工作。这时根据抗战的需要，国家决定紧急修建通往西南的湘桂铁路，他被任命为灵川桥工处处长，负责建造灵川铁路桥。时局紧张，他无暇回家，直接从海南到了广西。他写了一封快信给当时还留在开封的母亲和我，要我以完成学业为重。抗战是长期的，大西南是抗日的大后方，他又已经到了广西，所以要我们立刻离开开封，去广西与他团聚。

当时我在五年制的水利专科学校读二年级。学校师生在讨论，是参加军队直接打日本还是逃难？逃难，又逃到哪里去？我能去广西，同学们都很羡慕。我们走后不久，才知道学校决定迁往豫西，有些同学直接参加了打击日敌的战争。

取道越南

父亲带领他的工程队伍及家属共 100 多人，离开灵川，前往昆明。那时从广西到云南，国内还没有道路可走，只有经过越南，有公路和铁路衔接，比较方便。

由于走这条国际交通路线，要先出国，再回国，大家都是第一次，不免情绪亢奋。我被保送进西南联大，觉有胜利的喜悦，在进校之前，能有机会看到一些国外的情况，更感高兴。大队人马行动，找不到客车，送我们的是一些敞篷大卡车。年老体弱的人，坐在车前的驾驶室里与司机为伴；其他人只有坐在车后码得高高的行李堆上。我家只有祖母一人有坐进驾驶室的资格，父亲、母亲、五爷和我都坐在后面，虽然风吹日晒，大家都觉得满意。因为气候本来很热，坐在车后比较凉爽；而更重要的是视野开阔，可以任意欣赏沿途美景。

“桂林山水甲天下。”半年来，我多次来回于灵川与良丰之间，每次都要经过桂林，对桂林的山水是比较熟悉了。车往南面的柳州方向开去，不到半小时，景色就有了变化：由奇山异水中突起的秀色，渐变为群山逶迤的莽莽荒原。我想风景是该变了：人说“生在苏州，吃在广州，死在柳州”，如果柳州的风景和桂林相同，怎么能生长出那样好的做棺材的木料呢。

没有到达柳州，我晕车的毛病就出现了。照说年轻人不应当会晕车，尤其是坐敞篷车，我却晕得厉害。晕车使我不能张开眼，只能闭目躺在车上。母亲发愁地说：“这孩子怎么得了？将来能走远路吗？”车过镇南关（现在的友谊关）时要办出入境手续，也是大家吃饭、休息的时候，我下了车，在饭店里待了很久，精神才恢复正常。父亲向我指点当地雄伟的山势，告诉我镇南关的意思就是镇压南面的敌人。过去中国曾经与法国在这里打仗，中国人凭着大刀把法国人打退了，明明是打了大胜仗，可腐朽的清政府还是与法国签订了卖国条约。我在学校的地理、历史课中读到过镇南关和中法战争，现在真的到了这个地方。

办好越南国的入境手续，车继续南行，我又晕车了，而且比先前更厉害。到了河内，其他人都兴致勃勃地出去逛街，看看河内的市容，我却只能躺在旅馆里休息。河内是越南的首都，我们第一次到这里，当然应该见识一下。而且，当时越南是法国的殖民地，法国人在那里经营多年，一定搞了许多像上海法租界那样的街道和建筑，正是让我重温童年生活的好机会。可惜这些我都错过了。晕车、晕船是我与生俱来的第一个身体健康方面的毛病，以后又发生过多次，严重的一次甚至有生命危险。奇怪的是过了中年却渐渐好了起来，没有影响我后来经常乘车、乘飞机的生活。

决定学习机械工程

从河内是乘火车到达昆明的。这是1910年时由法国人修成的一条窄轨铁路，轨距只有一米，所以又叫“米轨铁路”。铁路从越南河内到云南昆明，全长854公里，云南境内长465公里。父亲告诉我这是法国人当时为了侵略中国修建的铁路，现在却成为支持中国抗日战争的一条大动脉，因为中国沿海港口都已被日军封锁，只有利用越南的海防港，运进必要的战略物资。但是海防也不保险，日本也可以打进越南，所以中国还必须考虑依靠更可靠的海港——离中日战场比较远的缅甸仰光港。这就是为什么我们要赶修滇缅铁路的原因。

铁路在越南境内比较平稳，将进入中国国境时地势就开始升高，坐车的人都可以感到火车向上爬行费力。进入中国境内，火车为了达到高度，不得不在悬崖陡壁的群山中环绕前进。父亲说这是世界铁路史上非常著名的一段险工，其中一座跨越两个山峰的“人字桥”尤为著名。传说当时法国曾经登报征求设计，结果是一位女工程师鲍尔·波丁的设计被采纳。这座桥架在河面上 100 多公尺的高空，跨度 67 公尺，由人字形的钢结构支撑在两面山峰的岩石上。那时施工的难度可以想见。滇缅铁路要穿过云南西部的比这里更大的山脉，一定也有许多必须克服的困难。火车到达高原以后，地势反而变得平稳，不久便到了昆明这座城市，这是 1938 年的 8 月 27 日。

学校定于 9 月 1 日开学，事先要办新生报到的许多手续，所以时间非常紧迫。必须马上决定的是，我到底要报哪一个专业。我曾经想学物理，这时父亲在昆明认识了刚从法国回来的物理学家赵忠尧，就建议我去征求赵先生的意见。赵先生赞赏我要学物理的愿望，但告诉我现代物理学要做许多实验，而中国人动手的能力差，摆弄不了那些仪器设备，所以建议我为了学好物理，不妨先学机械工程。

我受父亲的影响，对工程是什么了解得比较多，但对父亲学的土木工程不怎么感兴趣。一来是觉得“土木”不如联大当时也正在招生的机械工程、电机工程、航空工程等各系的工作对象来得时髦；二来也看到父亲的事业太辛苦了，我希望有比较固定的工作岗位，能做一些自己喜欢的研究。因此，我接受了赵先生的建议，选学机械工程。

父亲带领除我之外的全家迅速离开昆明，奔赴他所负责的滇缅铁路工地。我住进了联大租下的由破旧房屋组成的宿舍，从此开始了几乎一辈子的离家生活。

家在滇西

1939 年暑假，我入联大后第一次回家。家在云南省西部的祥云县。

早在七七事变前，蒋介石就考虑到一旦日本侵略战争爆发，中国的沿海港口会被占领，中国政府不得不退守大西南，因此同意云南省政府主席龙云的建议：修建通往缅甸的滇缅公路和滇缅铁路，争取利用缅甸的海港仰光，作为我们的国际通道。缅甸国内已经有了从仰光到靠近我国边境的腊戌的铁路，我们只要修通从昆明到腊戌的公路和铁路就可以了。七七事变后，这件事情立即提上日程。龙云命令：从昆明经楚雄、下关、保山、龙陵、芒市到达缅甸边境畹町的滇缅公路沿线 30 个县，抽调民工 20 万人，限期 3 个月，于 1938 年 3 月底前建成一条简易公路。由于大部分地区是崇山峻岭，施工困难，这个任务延期到 8 月才完成。

滇缅铁路是在简易的滇缅公路建成后开始修建的。从昆明到腊戍，首尾与公路基本相同。有公路作为基础，对修铁路是很大的帮助。父亲参加修建的滇缅铁路西段，包括祥云县以西直到缅甸境内的部分。工程处设在祥云，职工家属就都安排住在祥云，而属于下关（大理）的祥云是滇缅公路上的重镇，与昆明之间，经常有铁路工程处的运输车来往。我回家就是乘的工程处的便车。

一同乘车回祥云去的，还有我的表弟周丕权，一个崔小姐和一个李小姐。他们都是在昆明上中学，而家在祥云的丕权的大哥和两位小姐的父亲，都是父亲手下的工程师。我们坐在敞篷卡车上，一边闲谈，一边欣赏沿途的风景。云南的天气总是很好。这时进入雨季，虽然是晴天，也不炎热。新修的公路，汽车过后会扬起浓浓的尘土，一阵小雨便把尘土压下去了。除了经过平坝地区，公路都是沿着山坡开辟出来的。有的地方土壤是红色的，倚山的公路，远看便成为翠绿丛中时隐时显的蜿蜒红带。有的路段在悬崖上，一边靠山，新开辟出来的土、石断面还耸立着，断面以上便是深绿色的山上原来生长茂盛的树木，一直远达山顶；另一边是望不见底的深谷，有时可以看到在阳光下灿灿反光的河流。听说这里的西北属于金沙江水系，东南属于流入老挝和越南的红河水系。南、北两大水系在这里分流；在这里见到的一些河流应当就是这两个水系的上游支流了。

这里是滇中高原。这里的山水景色，与我后来见到的华北、西北、华南、沿海的许多地方的景色大不相同，而且也与同在中国大西南的广西、贵州、四川等省的景色有别。我记得当时我经过这里获得的总的印象是：除了新修的公路，这里的一切山和水都是绿色的，而且并没有什么东西特别引起我的注意。50多年以后，我从昆明到大理，再经过这里时，有一段山下河流的血红颜色，却使我受到特别的震撼！我立即想到的是：这河的“红”，胜于黄河的“黄”，应当叫“红河”，但红河怎么会在这里呢？我的记忆力不强，特别缺乏对记忆的自信，但我敢肯定50多年前看到的这里的河流，不是这样鲜红如血的颜色！这里是世界上有名的红河的上游，但并不是红河，而是元江。可见在我国境内的这条河流，原来并不以红色著名。它变为红色，是近50年来沿河水土流失的严重后果！果然，我看到许多地方坡地上的森林没有了，被开发成为农田，而上下顺坡耕作的方向，隐约可见。不是山坡地不应开发，而是开发不应是上下顺坡的。只要改为横坡耕作，水土流失就可以大大减少，而这需要改革耕地用的农具和耕作方法。技术并不难，只是没有人去研究、推广而已。1994 年视察三峡的时候，我已看到长江沿岸的山坡上同样存在这个问题，只是长江水的颜色，没有像这里变化得如此突出，不会引起多少人的注意。我自己作为一个农业工程工作者，对如此严重的有关国家水土资源的问题，当然也有责任，但发觉这个问题时，我已被解除职务，除了在政协会议上发表一下自己的感想，还能做什么呢！

如果不是因为自己多少还有一些 50 多年前经过这里的印象，这里河水的红色当然也不会使我感到这样的震撼。我亲身经过了的 50 年，不过是历史长河中的短短一瞬，人类行为活动的不当，就能使自然河山发生这样大的变化，怎能不让人心生警惧？而最可怕的是，变化是缓慢进行的，身处其中的人们往往并不觉察，或者并不以为严重。

当时我们乘坐的是由缅甸进口的美国造载重 3 吨多的运输卡车，烧的是汽油，当然比在路上经常遇到的木炭车或木材车的力量大，不常抛锚，但由于路况不好，还是不能走快。从昆明到祥云途中，要在楚雄过夜。记得在楚雄吃晚饭时，闹了一个笑话——我对同伴们说：“我们难得上馆子，点个好菜吧！”大家议论的结果，是点了“芙蓉鸡”。等着，等着，菜端上来，却只是一盘炒鸡蛋。我觉得不对，就质问跑堂的，为什么不见鸡？跑堂的笑我们不懂，说：“‘芙蓉鸡’指的就是炒的芙蓉鸡蛋，你们看这盘炒鸡蛋，不是和普通的炒鸡蛋不同吗？”我们一看，果然有些不同：可能是用的油多些，炒出来的蛋，黄、白相间，渲泡有致，这是不是就是所谓的“芙蓉”呢？但只见蛋，不见鸡，总是问题。结果，饭店老板出面，少收了价钱完事。说实话，直到现在，我还是不敢肯定我们当时的争论谁对谁错。

祥云是滇缅公路经过的比较大的城市。从缅甸进口的物资，特别是修建滇缅铁路所需的各种器材，都先集中存放在这里，然后分发各地。铁路西段职工的家属，也就集中住在这里。我家住的是一栋坐北朝南、有几间卧室和一个堂屋的砖瓦房，和另外住着其他家属的三栋砖瓦房一起，围着构成一个院子，整体有些像中国北方的四合院。只是房子和院子都大一些，而且没有围墙，瓦房与瓦房之间完全开放，让人自由出入。看来这是当地一个大户人家的房屋，临时腾空出租给铁路员工的。可能当地民风朴实，少有盗匪，所以不需要围墙。我在家的那段时间里，就遇到附近穿着少数民族服装的妇女，把收获起来的粮食拿到我们的这个院子里晾晒和脱粒。那是我第一次（也可能是我一生中唯一的一次!）看到“连枷”这种农具的实际操作。当时吸引我的主要是姑娘们劳动时的优美身姿。后来经过分析，才发现连枷构造简单，脱粒效果好，而且操作起来符合人体手臂起落、间隙用力的特点，不易疲劳，因而能较长时间工作，提高效率。一个发明，能够经受千百年的长期考验，仍然受到人们的欢迎，必然有它的道理。

父亲和其他工程师们都去了铁路修建工地。铁路要通向缅甸的滚弄，远在祥云的西南。过去一年主要做测量定线工作。因为要越过满是原始森林、荒无人烟的高山和澜沧江、怒江低谷，以及有名的令人生畏的“瘴气”地区，工作非常艰苦。家属们被安排住在祥云，除了担心工地上亲人们的安危，生活倒是比较安详：一是这里远离战争前线，敌人的轰炸机飞不到这里，没有警报；再就是这里物价特别便宜，尤其是新鲜的蔬菜，是别处难得买到的。

母亲带着婆婆、五爷在这里生活，没有什么不习惯的问题。主要因为云南话好懂，可以与本地人交流，同时又有很多家属们在一起，毫不寂寞。这就与过去我们独自一家住在广东北部坪石的粤汉铁路工地，大不一样了。我发现母亲特别有与人亲和的才能，和许多同事们的家属都建立了非常亲密的关系。她们有什么困难，包括小家庭内部大大小小的问题，都会跑到我家来找母亲密谈，一次、两次……直到满意解决为止。跟着父亲工作的年轻工程师们，更是把父亲当作老师，把母亲当作师母，把我家当作他们自己的家，自由出入，百无禁忌。梅益华、郗文骏、盛胜保等人的身影，经常出现在我家中，以至我也认识和记得他们。

这次在祥云，我特别认识了一位王工程师和一位崔工程师的家属。两位工程师都是父亲的老同事，年龄与父亲相当。他们都是北方人，家属过去都在农村，这次逃难，才跟着男人来到云南祥云，与我家住在一起，成了我母亲的好朋友。母亲没有一点因为她们一直生活在农村、没有见过世面，就看不起她们的意思，反而非常同情她们，把她们当作自己的亲姐姐。母亲告诉我崔家是河北省人，按当地习惯，崔太太比崔先生大 9 岁，所以崔先生曾经是“小女婿”。我在开封时听到过当地同学谈到有关“小女婿”的故事，但没有见到过真正的当事人。这次在祥云，虽然没有见到“小女婿”崔先生，却见到了他的“大媳妇”崔太太和她的女儿。母亲非常称赞崔太太当年帮助把崔先生养大，后来又把崔先生的身体照顾得好；也夸奖崔先生能始终敬爱他的夫人，没有因为自己大学毕业成了工程师，就嫌弃留在农村里的、比自己大了许多的伴侣。

王工程师是父亲的得力助手，曾经同在湘桂铁路工作，现在又一同来修滇缅铁路。滇缅铁路停建后，他们又一同调到工程委员会，负责修建所有后方的飞机场。后来，王工程师因病于1953年去世，王太太和孩子曾较长期住在我父母在武昌长湖南村的家。孩子王宪尊敬我的父母如同他自己的父母，与我和我的孩子们也一直保持亲密的联系。王宪管我叫大哥，使我这个没有兄弟姐妹的独生子倍感亲切。

我在祥云没有住几天，暑假结束，就得回昆明去。母亲和其他家属们也没有在祥云住多久。铁路进入施工阶段，工地生活非常艰苦，尤其在瘴气严重的勐定地区，人员得病死亡的很多。为了使员工们得到较好的生活照顾，安心工作，母亲和一些其他家属决定搬家去勐定，与员工们共甘苦。这搬家的旅程要越过横断山脉和怒江，到边境城市畹丁，进入缅甸境内，然后在滚弄再过怒江，返回到国内，这本身就是一个探险的过程。至于在勐定的生活情况如何，我只记得母亲说过："那是少数民族地区，土司对我们的照顾很好。不习惯的是每天早上打开窗户，就看见不远的旗杆上挂着人头，叫人怕死了!"

滇缅铁路员工和家属们当年在滇西的生活，鲜有文字记载。2000 年，作家李昌玉到美国探亲，无意间遇见画家邵芳女士，邵芳把自己保存多年的与盛胜保爱恋往返信件一百多封交李昌玉处理。邵芳是天津的名门小姐，与远在云南边境滇缅铁路工地上艰苦工作的盛胜保相恋，并克服种种困难，前往成婚。双方在信件中表达的纯真、崇高、浓烈的情意，令人感动。昌玉为此准备编写成报告文学《孔雀西南飞》。他发现盛胜保在信中多次提到我的父母和祖母给予他们年轻技术人员多少温暖和慰藉，也提到我的名字。于是，为了更多了解我家和当时修建滇缅铁路的情况，他在北京找到了我的地址，与我取得了联系。从这个令我惊喜的、由当事人亲笔写下的美丽故事中，我更深刻体会到我的家庭，特别是我的母亲，对我父亲一生事业的成功具有何等重要的意义。平日，是她为人宽厚慈祥、乐于助人，团结了众多父亲的同事和部下；在国家困难时期，是她不顾个人安危，带领全家深入瘴区，发挥鼓舞士气的作用。虽然由于时局变化，滇缅铁路没有建成，甚至为修铁路建造的运输便道，为阻止敌人前进，也不得不由父亲亲自加以破坏。这段与中国抗日战争紧密相连的我的家史，人们应当是不会忘记的。

战局巨变

日本偷袭珍珠港，美、英、法对日宣战以后，日军立即占领上海租界和香港，并大举进军东南亚各国，1942 年春攻占仰光，并向北推进。中国根据英国的要求，派出远征军进入缅甸，但未能阻止敌人。这时修建滇缅铁路已无意义，中、美、英决定改修经过缅甸北部城市孟拱的中印公路，父亲被指定负责缅甸境内从印度边境到孟拱的一段。美国派了医疗队来参加筑路。父亲与美国医生一起从印度出发，进入缅甸北部的野人山，勘察公路路线。但未等到测量开始，敌人已经占领了中缅边境城市密支那和腾冲，把部分远征军部队和父亲带领的一批工程队伍隔离在缅甸。本来是抗日战争最远的后方的云南西部地区，这时突然变成了前线。居住在勐定的铁路员工家属被护送回到祥云，但祥云的形势也很紧张，谣传父亲被俘。铁路领导

陶鼎来先生 1942 年留影

决定将员工家属送回昆明，等候消息。

中印公路的修建也不得不停止。父亲决定遣散所有招募的当地工人，率领100多名技术人员，跟随逃难的群众步行回国。主要的公路都已被敌军占领，他们不得不在丛林中寻找小路、象道或披荆斩棘，摸索前进。随行的有重病号，不能走快，不久队伍便零散了。经过20多天的艰难跋涉，父亲和少数随行人员才绕过敌人的防线，平安回到祥云。没有得到休息，更没能够到昆明看望祖母和母亲，父亲便接到另一项任务，就是立即前去耿马，组织当地群众破坏不久前为建铁路修好的运输便道，以阻止侵犯那一地区的敌人。曾养甫、张海平都知道这个任务只有父亲能够完成，因为他曾长期在那里工作，与当地土司和人民群众建立了亲密关系。父亲离开祥云前，给我和琴薰写了一封信，简要说明他平安回国的情况和即将承担的新任务，要我们转告婆婆和母亲，不要为他担心。

这时，我正忙于毕业考试。母亲带着祖母、五爷回到昆明，由滇缅铁路办事处安排暂时住在昆明市西郊的马街子，离我很远。当她们为父亲的安危担心的时候，我不能怎样安慰她们。好在同住一处的家属们很多，遇到困难时，互相支持帮助成为习惯。我能在星期天去看望她们，就不错了。接到父亲的亲笔信，大家才真正放下心。其实，父亲重入瘴区破路，同样会有很大的危险，是一般人不敢去的，只是他在信中没有详述当时的真实情况而已。

机场建设

在我毕业后离开昆明的这一年里，世界战局发生了重大变化，其中最明显的是以中、美、英、苏四国为首的反法西斯同盟的形成。中、美、英联军在缅甸抗击日军，中国修建滇缅铁路的工程不得不停止。我于1943年8月中旬回到昆明时，父亲已经结束了滇缅铁路的工作，改而从事飞机场的建设。

中国开始时在杭州训练空军。弱小的空军曾在抗战初期击落日本飞机，取得过胜利。后来训练基地迁到昆明附近。1941年末陈纳德空军志愿队（飞虎队）来到昆明，立即击落大批来犯的日本轰炸机。但这时所用的飞机都是小型的驱逐机，需要的机场跑道不长，也不需要跑道有多大的载重能力，原有的机场就够用了。等到日军侵犯缅甸，中国所有连通海外的陆路通道被切断，不得不依靠美国的空中运输时，中型和大型运输机的要求就不一样了。另一方面，为了满足作战需要，中美联合空军的规模迅速扩大，在西南、西北大后方和一些沦陷区内，要建的军用机场也越来越多，而且为配合盟军大规模轰炸日本本土的作战计划，有些机场还必须具备能供大型轰炸机起降的能力。因此，机场建设成为盟军反攻和最终打垮敌人的重要战略任务。中国决定在军事委员会之下设工程委员会，专门负责全国机场的修建。具体工作由曾养甫、张海平领导，一些原来参加滇缅铁路建设的工程技术人员，在铁路停工后调到了工程委员会。

父亲先是参加滇缅铁路的收尾工作，同时参加羊先街机场的改建，后来负责昆明巫家坝机场的改建。这是中国当时最主要的机场：它既是“驼峰运输线”的终点，又是飞虎队扩改为美国陆军第 14 航空队以后的基地，每天有大量大型运输机和轰炸机、驱逐机等起降。它还是敌机轰炸的主要目标，每天警报不断，这些都造成施工困难。昆明机场完工后，父亲被调到重庆工程委员会机关，负责全国机场建设的工程技术工作。我回到昆明时，他已常驻重庆，不容易见到他了。

缅甸的战局发展很快。日军进攻缅甸，开始时英国不愿中国军队进入缅甸共同设防，延误了战机。等到仰光失守，英国才要求中国派出远征军，但已无力挽回局势。进入缅甸的远征军一部分退到印度，后来改编为中国驻印军；一部分退回国内，坚守怒江防线。所以当时昆明一度也有些紧张。母亲托人护送婆婆和五爷到贵阳，这是1942年夏我在綦江时发生的事。所以我回到昆明也见不到她们，只能陪母亲一人在马街子住几天，随即到黑龙潭中央机器厂报到。

母亲为父亲的工作担忧。她说过去修滇缅铁路，主要是瘴气叫人害怕；现在修机场，同样有危险。我对家人在瘴区生活的真实情况和父亲从敌后跋涉归来的艰险并不了解，只有一般地安慰她说父亲经过了多少次艰险环境的磨炼，都凭自己的勇气过来了，平安无事，不必害怕。但这时发生了一件事，使我也真的害怕起来——吴景福因飞机失事遇难。

吴景福是我幼年在上海时，自己找到的朋友。那时我住叔父家，常到叔父办的新生命书局玩耍，因此认识了在书局做店员或学徒的吴景福，他约比我大五六岁。当时我的父母远在粤北，我一人在上海，可能是他给了我一些兄长式的温暖，使我一直记得他。阔别多年以后，一次父亲因公出差来昆明，出乎我意料地把他带来家里。原来他也在工程委员会工作，等于是父亲的助手或秘书（可能是叔父把他推荐给父亲的吧），经常陪父亲离开重庆到各地机场视察，这次到了昆明，才见到了我。见面时，大家回忆过去，都很高兴，但因为离别太久，环境不同，也没有什么可说。母亲见我和吴景福是熟人，对他也就特别亲热。他说他陪着父亲，有乘飞机的通行证，今后少不了来昆明，来了就会来看我们。想不到过后不久，父亲来信说自己有事不能离开重庆，要请吴景福带些东西给我们。我们正盼望着他来时，却有人来告诉我们：吴景福乘的那架飞机出了事，降落时起火焚烧，连尸体都无法辨认了。

听到这个消息，我当时一怔，随后便像小孩一样痛哭起来。照说，吴景福并不是什么特别的亲人，别后多年只仓促地见过一面，而我已经是大学毕业参加了工作的大人，为什么会像孩子般痛哭失声？可能是我有许多话想和他细说，却再也没有机会了，使我觉得伤心；也可能是曾经在我幼小生命中占有地位的一个活生生的人突然间化为乌有，使我觉得恐怖。等情绪稳定下来，我才想到：在战时修飞机场，就是参加战争，敌机轰炸、飞机失事都带来死亡的危险。如果这次同往常一样，父亲和吴景福一同来昆明，结果会怎样呢？我不敢想像——母亲的担忧是对的。

修机场的情景，父亲很少谈起。60多年后，一个对飞机特别感兴趣的美国朋友借给我一盘关于P-40飞机的录像带，其中详细记录了当年改、扩建巫家坝机场的一些细节。“P-40”是飞虎队当年用的驱逐机，曾经在对日空战中发挥巨大威力。飞虎队队员们在耀武扬威、痛击敌人的同时，没有忽略当时修建机场的，主要由老人、妇女、孩子们组成的云南民工队伍，如何与敌人的轰炸作斗争——冒着被炸死的危险，抢时间修复跑道，使飞机的起落不受影响。他们尤其佩服中国的工程技术人员，有能力把这成千上万的微弱劳力组织起来，利用最原始的工具和能够在当地取得的材料，不失时机地修建出符合当时要求的机场。没有这方面的配合，飞虎队即使有最好的飞机，又怎能发挥作用呢？所以他们怀着十分崇敬和感激的心情，用电影摄影机拍下所看到的这些场面。现在，这段录像成为二战中国战场珍贵的历史记录，它说明了从事机场建设，也就是参加战争！

西线大捷

这次回到昆明，我才从父亲和母亲那里详细了解了父亲从缅甸回国又立即去瘴区破路的情况。当父亲和美国的随军医生一同进入缅北的野人山视察中印公路路线时，中国入缅的远征军和英国守卫缅甸的军队已经联合在缅甸南部与北上的日军交战。但主要由印度人组成的英国军队毫无战斗力，不抵抗就向印度方面溃退，阻挡不住日军。中国远征军不得不分为两部分：一部分退回国内，坚守怒江防线；一部分进入印度，改编为驻印军。这正是父亲结束在孟拱的工作、决定步行回国的时候。云南省内怒江以西的重要城市腾冲、龙陵、芒市和畹町已经失守，形势非常紧张。父亲之所以立即前往瘴区破路，就是为了防止敌人的机械化部队利用刚修好的路基突破我军防线。父亲协助土司们组成的地方武装，也是当地的一支重要抗日力量。

在这样的形势下，母亲决定把祖母和五爷送到贵阳，认为那里比昆明安全些。没有料到不久占领了广西的敌人会侵入贵州，贵阳同样受到了威胁。

以川、云、贵为抗战大后方的中国，昆明和贵阳同时受到敌人的威胁，在中国抗战的历史上，应当是特别紧张的一页。当时母亲考虑祖母的安全，就遇到了这样的局势。但奇怪的是，当时的中国政府和包括重庆、昆明、贵阳在内的整个中国社会却似乎并不惊慌，而是处之泰然，对赢得战争胜利的信心，反而更坚定了。原因何在？——就在于中国已经是同盟国的一员，不再是孤立无援地独自战斗了。

太平洋战争爆发以后，盟国商定马上成立中印缅战区，蒋介石为战区统帅，美国陆军中将史迪威（Joseph W. Stilwell）将军为战区参谋长兼缅印战区美军司令。日军侵占缅甸后，退到印度的中国远征军加上后来由中国空运去的学生军，在史迪威将军领导下，接受美军训练和由美国运来的全套机械化装备，成为一支完全现代化的、强有力的驻印军。1943年冬，驻印军开始与退到国内的远征军配合，东、西两方面同时反攻，夹击敌人。经过历时一年多的奋斗，终于于1945年1月消灭了占据缅北的全部敌人，取得辉煌胜利，在畹町会师。这个胜利扭转了中国抗战的大局，与美军在太平洋逐岛的胜利相配合，为不久后迫使日本投降奠定了基础。

驻印军穿过缅北野人山消灭敌人的同时，也打通了中印公路，大批物资才能由此源源不断进入中国。如果不是后来日本很快投降，局势改变，这条路在历史上肯定会发挥重要作用。

母亲当了绣花娘

母亲一个人住在马街子，父亲不常来，我也只有在星期六或星期天回家。但她并不寂寞。她和那些共过患难的铁路员工的家属们仍然团结相处，共同奋斗。原来在昆明住下来后，她们发现了一件大家都感兴趣的活动——绣花卖钱。母亲在这活动里，起了一定的组织作用。

绣花，主要是为了卖几个钱，贴补家用。从滇西农村来到昆明城市，物价本来就不一样。现在随着“驼峰航线”的开通和中美联军的成立，到达昆明的美国军人大增，物价更是飞涨。但美军的到来也为昆明老百姓创造了赚钱的机会，因为他们一下飞机就忙着买来中国的纪念品。不知是谁发现，美军最喜欢买的是绣有不同花色的丝手绢（手帕）和丝围巾，因为最便于携带和邮寄。于是市面上不同花色、不同大小的绣花手绢、绣花围巾就多了起来，有的还能卖出好价钱。母亲和其他家属们，有的年轻时绣过花，有的根本没有绣过，但针线活都是会的，这时便积极组织起来，参加这项工作。我回家时，也能为她们绘点简单的图样。反正外国人对绣工的质量提不出什么要求，有些中国人不入眼的东西也能卖出去。

我看到母亲和其他几位上了年纪的夫人，戴着老花眼镜、专心绣花的样子，也为她们高兴。

昆明本来是洋货最多的地方，滇缅公路通了以后，昆明和缅甸腊戍之间“跑单帮”贩卖从缅甸进口的美国货的人就多了，主要是牙膏、牙刷、香水之类的生活用品。敌人侵入缅甸后，这种情况暂时中断。现在“驼峰航线”通了，商人们未必能利用飞机“跑单帮”，但美军来多了，也为昆明市面上带来另一个变化，就是卖美国军用食品的地摊多了，深绿色的奶粉、猪肉罐头随处可见，尤其是大罐头的冰淇淋粉最受欢迎。这些都是战时中国久违了的东西，现在不仅有了，而且价格便宜。我在从黑龙潭回家途中，遇到就会买一些带回，与母亲共享。

想不到抗战多年之后，通过卖东西给美国人，和从美国人那里买些食品回来，能使我家的生活平添一点乐趣，也可算是提高一点水平！当然，肯定不是所有昆明的人家都能这样，因为许多人并不去绣花，也不喜欢美国食品。

回访陶胜六

我出生在陶胜六，陶胜六是我的家。但我两岁时便离开了，所以后来尽管反复多次听到人们说到陶胜六的名字，我对陶胜六还是没有什么印象。真正见到陶胜六，是1966年，我已46岁的时候。

那一年初夏，我带了赵殿英到刘集公社蹲点。刘集是全国有名的农业机械化典型。当年毛主席召开第一次全国农业机械化工作会议，宣布要在1980年实现全国农业机械化的目标，就是根据刘集的经验。刘集就位于新洲县县城的西面。可能由于我的家乡观念薄弱，也可能由于我那时的确怕与家乡发生什么关系，我对自己家乡（新洲、刘集）在中国农业机械化事业中的光荣地位并没有在意，更没有向别人强调过我是新洲人。我们这次蹲点，完全是为了研究棉花的机械化问题。新洲是当时全国的四个棉花重点县之一。

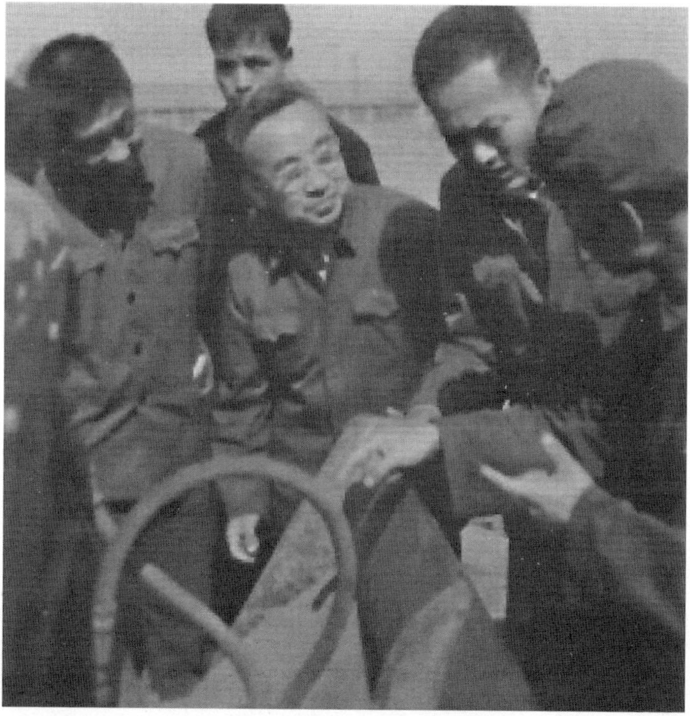

陶鼎来先生在指导使用农业机械

那一年特别干旱。刘集因为有机械提水灌溉，棉花生长健壮，植株高大。我们发现在当地的棉花生产中存在两个问题：一是不应该盲目听从县抗旱办公室的号召，过分浇水，以致棉花疯长，有利的机灌条件由于运用不当，反而变成有害；二是棉田的除虫工作太落后了，要两个人抬着盛药剂的桶在棉花行间走过，棉株已经长有一人高，行间通风不好，在里面喷雾，对人太危险。刘集的机械化程度很高，怎么就没有拖拉机配带的机动喷雾器呢？

一天早上，我刚到地里，就见赵殿英匆忙跑来喊我："院长！你老家来人，要接你回家去看看！"这完全出乎我的意料。一般同事只知道我是湖北人，很少具体到新洲，更没有人会知道我的老家是陶胜六。这次来刘集，没敢惊动省里、县里，陶胜六怎么会知道我的行踪？我觉得奇怪，又感到激动。陶胜六，这个儿时反复听到人们说起的地名，在我脑海里已经遗忘了几十年，而现在陶胜六的人却还记得我！

果然是陶胜六来了人，还开来了运东西的卡车。来人说队里知道我到了刘集，非常高兴，要我无论怎样忙都要回家看一次，我不是几十年没有回过家吗？我听他讲的陶胜六土话，既亲切，又陌生。这是我平生第一次面对老家来人。我一直自认为能讲家乡话——虽然我自幼随父母组成的小家庭漂泊在外，没有回过陶胜六，从上小学就基本上在学校住读，跟师生们主要讲上海、开封地方话，后来进了国立西南联合大学（简称“西南联大”），就一直讲普通话，在家里却还是坚持讲湖北黄冈家乡话，似乎对父母讲话变调很不恭敬。所以我自认为懂得家乡话。没有想到这位家乡来人的话中却至少有一半，我竟听不懂。

来人自己开车，让我坐在驾驶室里，赵殿英坐卡车后面。大概在上午9点左右离开刘集，在缓丘陵的弯弯曲曲的土路上行进。天气晴朗而炎热，我急于看两边的田地，想了解我这老家的农业到底是个什么样子。我发现出了刘集的范围，农田就有明显的变化。可能是由于缺乏灌溉条件，棉花、水稻的长势要差多了，而且树木很少，田块零散，没有规划。相比之下，说明刘集不愧是全国有名的公社。汽车不时从一些小的山丘旁边走过，坡地枯黄，既没有树，也没有种东西，显然是撂荒了。较平的地面上偶尔看到有干涸的水塘。旱情果然严重，难怪新洲县抗旱办公室的大喇叭不断在号召抗旱！

车行约40分钟便到陶胜六，在一幢瓦房门前停下。已经有几个人站在门口，前来表示欢迎。这是陶胜六大队的队部，年轻的可能是队长或书记。他马上向我介绍几位年老的，说是我们陶家的远房兄弟，但我听不清楚，更不可能记清他们的名字，也搞不清与我的什么辈分关系，反正是我们姓陶的人吧！他们简单商量了一下，就决定立即陪我在村子里看看（参观）。本来我估计他们会让我坐下来，向我详细介绍村里的情况。我已经在东北、华北的许多农村作过调查，那里的队长或书记会把记得烂熟的村里有多少户、多少人、多少劳动力、多少田地等一股脑儿地告诉你，这里却没有。他们连队部都没有让进，可能是因为天气炎热，要趁早上还比较凉爽时，在外面走走。

我们走了几条巷子。很少新建的房屋，但留下来的老旧房子从外面看来还算整洁。街上行人很少，不像北方的一些村庄，一有事就会聚集起许多人来围观。有的家门大开着，可以看到孩子们在院内玩耍。我怀疑是经过领导布置，不让大人孩子们到屋外来影响我参观。

到了一家门口，领路的人站住了，喊了几声，里面出来一位 60 多岁的女人。有人给我介绍："这是曾经在昆明见过你的'云南嫂子'，她听说你会来，一定要见你一面。不容易啊！一个外省人，来我们这里，丈夫死了十多年。"我不曾想到会在这里遇到曾经见过我的人，但我记得父亲在云南西部修建滇缅铁路时，有一些从湖北逃难到云南的青年在他下面工作，其中有的就是陶胜六的远房亲戚。他们在当地生活两年多，有的就和当地的少数民族姑娘结了婚。1941 年铁路员工撤退，经过昆明时，我曾见过他们。虽然我已完全记不得当时具体见过了谁，对眼前这位“云南嫂子”和当时的“摆夷姑娘”更对不上号，我还是感到一股怀旧的情感涌上心头，禁不住眼眶有些湿润。

“听说你出国留学，在北京当了研究院的院长，现在来刘集指导工作……”她用我原来十分习惯的云南口音对我说。她要求队领导把我安排在她家吃午饭。也许事先就是这样安排的，我当然没有意见。奇怪的是，我回到自己的家乡，欢迎我的除了生产队的领导，竟是这位从千里之外嫁到这里的云南嫂子。这说明我的家人真是全都离开了这个老家，在这里找不到另外的亲人了！

我们看了村里的小学校。校舍是维修过的老房子，还算整洁，但房间狭小、阴暗，显然不适合做教室。室外的操场没有铺什么地面，只有简单的篮球架。队长说队里早就计划着要盖一座新的学校，几年来没有办成。可能正在暑假期间，看不到教室里和操场上有什么学生活动。一切都很安静。我们又看了一间用土墙围起来的仓库似的房子，里面杂乱堆放着一些残破的手动轧花机、纺线机和织布机，说是“大跃进”年代队里搞的棉花加工厂，后来早已不搞了。这里本来是重要的棉花生产地，手工棉花加工是传统的家庭副业，我的祖母就是有名的织布能手。新中国成立以后在这里建设一个像样的棉花加工厂，不是没有可能，人们也的确这样努力过，但却没有办成，我感觉很可惜。

我们又看了些别的地方。最后，经过领路的那位远房哥哥提议，把我带到一处有砖墙和院子的住宅门前，告诉我这就是当年我家——陶家二房的房子，并且问我要不要进去看看？那位年老的哥哥还特别向我指出，其中有一间房子是我的出生地。我没有想到他们会安排这一出，不免踌躇了一下。我从围墙门外看到院子里面的妇女们正在洗、晾衣服，孩子们正在玩耍。显然有人住在里面，我进去怎么说呢？于是说：“不进去吧！”

1950 年土地改革（简称“土改”）以后，有些地主分子回到家乡，查看已经分配给贫下中农的田地，被当地人认为他们是要“反攻倒算”。这可不是一件小事！我当时站在老家的房屋门前，忽然想到这一点。我不是自己要来看这房子的，我是被队里拉来这里的，但是面对房子的当前住户，怎么说得清楚呢？你是来要这房子，还是来要他们交多少房租？当时“不进去”的决定，是完全正确的。虽然后来有很长一段时间，我为未能趁这次难得的机会，详细看一下自己的老家感到遗憾。

参观完了，我的总体印象是：与我去过的中国华北的一般农村相比，陶胜六是一个比较大的村子（当地叫“湾子”）。过去留下来的主要是砖瓦建筑，经过抗日战争、解放战争和后来的多次政治运动，没有受到破坏，而且保存得相当完好。街容比较整洁，街上没有什么无所事事的闲人，说明人们的精神状态不错，生产队的管理有方。但集体要办的事情没有明显成就，各种生产活动搞得怎样，因为没有看到，也就无从知道了。

我被送到云南嫂子住处，她为我做了一大碗鸡汤面。请人喝汤是黄冈当地的习惯，嫂子已经当地化了。但她讲的话还有严重的云南口音，这倒使我听得更为顺耳。她告诉我：她丈夫到了昆明就在昆明飞机场工作，一直到日本投降、抗日战争（简称“抗战”）胜利，她随丈夫回到陶胜六。后来她丈夫去了河南的黄河堵口工程，她却留在了陶胜六。她丈夫从十几岁时出外做工，都是在我父亲的领导下工作。

黄河堵口工程完成以后，他回到陶胜六，就再也没有出去，经过土改和历次政治运动，由于历史清白，受到队里的重用。可惜新中国成立后不久就病死了。我对云南嫂子的丈夫印象不深，但知道父亲带出不少家乡的青年，参加自己手下的实际工作，有的学习了绘图、测量、工程设计，成为很有经验的工程师；有的能够带领工人，按照技术要求完成施工任务，成为很有经验的工头或监工。这两种人都是一切大型工程所不可缺少的。父亲一生完成了许多重大工程任务，是和他亲自带领、培养了一支能够吃苦耐劳、不畏艰险的工程队伍分不开的。嫂子细说她丈夫的历史，明显拉近了她和我的距离。

嫂子为我做的鸡汤面，名为“面”，实际上面条很少，鸡肉很多，是一碗实实在在的鸡肉汤。我自离开家到外地读书和工作，就很少吃到这样的湖北家乡的汤，所以感觉亲切。这也是我说嫂子在这方面已经当地化了的一个原因。按云南的吃法，“过桥米线”是清汤加米线，见不到什么肉的。嫂子为我专门杀了鸡，做了这一碗面，使我非常感动。她没有向我诉苦。一个远离自己家乡在外地农村寡居的妇人，能有什么活路呢？我拿出 10 块钱，经过反复劝说，她才勉强收下。

吃完午饭，嫂子送我到队部休息。队部的房子不知是哪家留下的（是我们陶家的哪一房），有很大的堂屋（客厅）。我被引到右边的厢房里，在一张有雕花门框的床上躺下。我仔细看这床的结构和装饰：周围的木档上布满了精致的雕刻，花纹间还镶有玻璃镜，显然是历史上做过大官的人家的遗物，非同一般。让我在这个床上休息，是什么意思呢？也可能这里是队里的客房，任何人只要来这里访问，都可以住在这里。经过一连串的战争、动乱，能保存房屋和家具设施完好，就是很不容易的了。

休息起来，发现有人在堂屋里布置桌椅，准备晚上的酒席。同时队长带了些人来，给我介绍。可能有我们陶家的远房叔伯亲戚，也可能有队上的负责人或湾子里的知名人物。我既搞不清楚具体的血缘关系，又听不十分清楚当地的话，但看得出大家对我的欢迎，只有一一向他们问好，表示谢意。多年以后，我想到当时的情景，不禁非常遗憾和自责：如果当时要来纸笔，把这些人的名字和关系记下来该多好！但我没有想到这样做，连队长的名字都没有搞清楚。他是不是姓陶？不知道！我当时的冷漠态度，实际上是我完全没有家乡观念的反映！对整个回家乡的访问，我为什么那样被动，甚至不如我出外调查时对山西或广东的一个普通村庄的访问？

天色已晚，队长招待大家入席，大概一共摆了五桌或六桌。我没有想到队里会用这样大的场面来迎接我这个不怎样的人物。我被请坐在堂屋最里面也是最重要的席上，然后其他人入座。电灯亮了，但光线阴暗。坐在我旁边的队长站起来讲了几句话，便开始上菜、喝酒。我不能喝酒，只顾吃菜。言语不能畅通，说话也就不多。当地的人们却趁着酒意，热闹非凡。我基本听不懂他们议论或争论的是些什么事情或问题，猜想他们平时聚会的机会可能不多。

夜里，我躺在雕花床上，很久不能入睡。对家乡的人们这样热情地欢迎我归来，有说不出的感动。我知道一般生产队的经济情况不佳，我对家乡从来没有过点滴帮助，怎么值得花费这么多钱在我身上？在阴暗的光线里，我浏览这厢房里的一切，倒真是令我想起了儿时跟着妈妈住过的那个厢房，以及厢房外面的堂屋。房屋的结构是一样的，但那是在仓子埠，而不在陶胜六。

第二天早上起床，吃过早饭便启程回刘集。在路上我问赵殿英："你陪我回我的老家，对我这老家有什么看法？"

“你知道老家为什么要请你回来吗?”赵殿英反而问我。我不禁一愣，没有想到这是一个问题。“我想你不会知道，”他继续说，“我看你这老家的人真会办事，不动声色就把事办成了!”他说的事情，我果然不知道。

原来，在我去云南嫂子处吃饭的时候，赵殿英被队长请到另外的地方，问他：“院长从北京来，能不能给队弄一台拖拉机?”

“不可能!”赵殿英回答，“我们是研究院，不管分配，也确实没有拖拉机。而且陶院长也绝对不会特别照顾自己的家乡。”

“那好，我们不会让院长为难。”队长马上决定去请县里的农机局局长和具体负责农机推广的干部，来陪我吃一顿饭。专门有人在饭桌上和他们商量：新洲县是全国农业机械化的先进典型，院长这次来刘集就是为了把新洲的事情办好，那么院长的家乡连一台像样的拖拉机都没有，行吗?他自己不便说话，我们得把事情办好。县里的人不知道这个院长有多大权力，但知道是在北京工作，没错，当下就同意把上面分配给县里的拖拉机，拨一台给陶胜六。

就这样，我总算是为自己的家乡做了一件事，是在我完全不知情的情况下，由家乡的人们靠自己的智慧做成的。赵殿英可能在其中起了一点作用，也只有他知道这件事的全过程，可惜他已于 1982 年去世。

（编选自陶鼎来《沧海寻踪：一个中国家庭的变迁》上册，中国农业出版社 2016 年版）

陶述曾《耿马之行》简论

吴清华①

陶述曾，字翼圣，1886 年 3 月出生于湖北省黄冈县（其居地今属于武汉市新洲区），是我国著名的民主人士和土木工程专家。他一生致力于水利、河港及交通工程建设，在中华民族工程建设史上留下了浓重的印迹。抗日战争时期，陶述曾曾先后担任了滇缅铁路总段长、副处长，中印公路工程处副处长、总队长，昆明飞机场工程处处长，军事委员会工程委员会处长、副总工程师等重要职务，组织勘测设计和修筑了滇缅铁路、中印公路和昆明机场等大型国防工程，为抵御外侮、支援抗日战争取得最后胜利作出了不可磨灭的贡献。《耿马之行》是陶述曾在云南滇西开展交通工程实践活动的亲身经历的记载，记录了他在 1942 年 6 月 2 日至 8 月 20 日期间，奉命从祥云到耿

---

① 吴清华，重庆云阳人，华中师范大学马克思主义学院博士研究生。

马孟定组织“破路”的全部过程，日记文笔畅达、内容丰富，是一份研究滇西抗战史和滇缅铁路史不可多得的珍贵史料。

一、“滇西破路”与陶述曾的耿马之行

卢沟桥事变后，日本帝国主义发动全面侵华战争，中国领土不断沦丧。日军依仗海、空军优势封锁我国沿海口岸，“全国一万多公里海岸线上所有的港口遭到日军封锁或强占”[①]，中国对外联系受到严重影响。基于国防安全和抗战考虑，开辟新的陆上国际交通运输线对于争取外援、沟通后方、加强抗战力量无疑具有重要意义。在国民政府的大力支持下，云南省政府主席龙云主持修筑了滇缅公路、滇缅铁路以及诸多省际公路干道，保障了战时物资运输通畅。据有关统计，从 1939 年 2 月到 1941 年底，从西南交通运输要道运入的军用物资、民用物资共计 22 万多吨，国内大量的战略物资也通过滇缅公路出口国外，仅 1941 年 1 月至

① 引自陶述曾《耿马之行》日记手稿。

10 月，其价值就折合国币 25.8 亿元①。这些物资往来不仅增强了抗日作战力量，缓解了后方生产和经济方面的困难，同时也有力地支持了同盟国的军工、民用生产。

1938 年武汉会战后，中日战争进入战略相持阶段，日本帝国主义想要在中国战场“速战速决”的迷梦彻底宣布破产。1940 年 5 至 6 月，纳粹德国在西欧的胜利引起了世界各国的极大关注，英、美、法等国的战略重点均转向欧洲，东南亚地区和西南太平洋地区成为英、美等国防御的薄弱点。这为日本确定“北守南进”战略，发动太平洋战争提供了时机。1941 年 12 月，日本偷袭珍珠港，发动太平洋战争。此后日本陆军以 40 万兵力，在海、空军的配合下，席卷香港、荷属东印度群岛、菲律宾、新加坡和马来亚等地，并兵分三路，大规模进攻缅甸。“缅甸作为南方重要地区的北翼据点，不仅具有必须确保的战略地位，而且具有对中国方面来说切断援蒋公路，对印度方面来说促进其脱离英国的重大战略意义。”② 为此，日本在缅甸的

---

① 云南省政协文史委. 血肉筑成抗战路［M］. 昆明：云南人民出版社，2005：10.

② 雷娟利，等. 日本对滇西沦陷区的统治［M］. 南京：江苏人民出版社，2022：65.

作战计划是“第一期和第二期，相机夺取缅甸南部的航空基地，第三期是确保占领地域，如有可能，则实施处理缅甸的作战”①。

在日本的大肆进攻下，缅甸首都仰光告急，英国军队仓皇失措，迫切要求中国军队入缅助战。1942 年 3 月，根据《中英共同防御滇缅路协定》，中国政府筹组“中国远征军”，以第五军、第六军、第六十六军 3 个军 9 个师约计 10 万余人的兵力入缅协防。然而，由于西线英军没有采取配合行动，再加之英方一再延误中国远征军的入缅行动，导致错失最佳战机。3 月 8 日，仰光失守。4 月中旬，日军向缅北长驱直入，29 日攻占腊戌，直逼云南滇西的中国国门畹町。5 月初，野心勃勃的日本帝国主义妄图沿滇缅路长驱直入，占领云南全境，试图从大后方窃取新的进攻路线以进一步侵占中国全境。“占领云南滇西后，进攻滇中、滇东北，再从滇东北进攻四川重庆、成都，从而消灭蒋介石抵抗政权，达到完全占领中国的目的”②。然而在中

① 雷娟利，等. 日本对滇西沦陷区的统治［M］. 南京：江苏人民出版社，2022：65.

② 程利. 滇西抗战与日军进攻中国的第二条战线［J］. 前沿，2011（10）.

国军队的设防据守、顽强抵抗之下，日军继续入侵的企图被多次挫败。

在此背景下，作为战时国际交通要道和“输血管”的滇缅公路、滇缅铁路路基及运输便道，接受海外援助的功能已完全失去，更可能为日军迅速东进占领全滇、在东西两线对中国形成了合围之势提供条件。故而，为防止日军突破滇西、向东推进，毁路、破路之策成为当时稳定国家和国际战略局势的重要举措。

蒋介石对破坏滇西交通事宜高度重视。1942 年 5 月 12 日，蒋介石致电云南省主席龙云、国防工程处处长马崇禄，亲自部署滇西破路工程。电文中指出，“惠通桥至畹町公路，应发动游击，掩护民众钻隙施工，以全力破坏之。……惠通、保山段由桥脚至山顶应酌情施工，由山顶向东三十公里，应适时彻底破坏。……保山、下关段除功果、义龚间各大桥及沿路险要，应完成破坏准备外，着由马处长指挥两营工兵担任，由云南及滇缅两公路局亨先准备民工及破路队临时补助之”①。此外，蒋介石还指示军需

① 云南省档案局（馆）. 抗战时期的云南：档案史料汇编（上）[M]. 重庆：重庆出版社，2015：422.

署汇一百万元用作破路用款，交由国民政府交通部部长曾养甫亲自督办破坏滇缅铁路路基及滚弄通祥云汽车便道的具体事项。5 月 15 日，蒋介石又发布指令要求从速破坏保山经云县至滚弄间公路，并在电令中明确指出了破坏该路段的重要意义，“此路在我侧背，极为危险，纵腾龙克复，敌若由此路进袭，亦属前功尽弃，故应彻底予以破坏”，“事机迫促，刻不容缓”①。6 月 3 日，蒋介石饬令龙云加速滇西南破路工事及昆明附近防御工事的实施，“查畹龙之敌续有增加，对于滇西南破路工事，及昆明附近防御工事，均以应加紧实施，限期完成。”② 6 月 18 日，蒋介石再次致电龙云加快破路进度。从蒋介石频繁往来的电文中可见，“滇西破路”行动对于当时战争局势的迫切性和重要性。在蒋介石的亲自部署下，驻滇参谋团长林蔚文拟定《滇西公路破坏实施办法》，云南省公路总局局长杨文清拟订《破坏保云公路计划草案》，龙云颁发《滇西破路工程计划》，均指出对滇西可能资敌的交通路线进行积极彻底

① 云南省档案局（馆）. 抗战时期的云南：档案史料汇编（上）[M]. 重庆：重庆出版社，2015：423.

② 云南省档案局（馆）. 抗战时期的云南：档案史料汇编（上）[M]. 重庆：重庆出版社，2015：429.

的破坏，“凡属沿线险要地段，均进行彻底爆破和挖毁，做到是田还田，是山还山，不论大小桥梁一律炸毁”①。这些破路措施有效地阻止了日军快速东进，为夺取太平洋战争胜利奠定了基础。

《耿马之行》是陶述曾奉命在“滇西破路”过程中所撰的个人日记。1942 年 6 月初，曾养甫在接到军事委员会的命令，要求派人去破坏运输便道后，便委派陶述曾负责完成这项任务。他对陶述曾说，“你这次冒瘴到边区修路，已很不容易。但为了战争需要，又得派你去破路——这是迫不得已的事情！路，以后还会修的。你这次去破坏便道，可以利用同这些地区土司的关系，加强联系，为将来铁路复工作准备”②。历史总是令人唏嘘，昨天为了战争，无数人冒死修路，捐躯边境；今天也是为了战争，无数人又得冒着生命危险，去把亲手修筑的路破坏掉。国难当头，陶述曾毫不犹豫、毅然决然地接受了使命，顾不得刚脱险归国与母亲、妻子团聚重逢，便又一头扎进瘴疟横行

① 李德洪，李允端．抗日战争中的滇西破路工程处［J］．保山市文史资料选辑（第 2 辑），1985（12）.

② 陶建生，潘大华．陶述曾传［M］．武汉：武汉大学出版社，1992：137.

的“夷方”。陶述曾此行肩负“破路”和联络滇缅边境各土司之责，为便于指挥，驻在耿马，故日记名为《耿马之行》。

二、陶述曾日记《耿马之行》的内容述要

《耿马之行》全文约4.6万余字，是陶述曾先生亲身经历《西南行纪》中的一部分。日记以时间为经、以事件为纬，分六个部分①翔实记录了陶述曾历经艰难险阻，前往云南滇缅边境组织开展“破路工作”、联络当地土司守土抗战的英勇事迹。日记手稿用对折十行纸竖排毛笔工楷书写，字体端庄圆润、俊逸潇洒，每行30余字，稿纸折脊处印有“军事委员会工程委员会昆明办事处”字样。

陶述曾的“耿马之行”“破路之旅”，责任重大、使命光荣，但也困难重重。

他在1942年6月1日的日记中记载了当时从前线发回

① 六个部分，即“出发前”“从祥云到保山”“从保山到大寨”“工作时期”“回程”“煞尾”。

的紧急公报，公报中对破路工作所面临的困难做出了如下描述：“（1）沿线瘴气正烈，工人马匹难雇。（2）敌情紧急，无兵掩护，工作难期完成。（3）边区情况不明。（4）携款及工作人员不敷。”① 然而，破路工作中所面临的实际困难却远超于此，顽瘴痼疾、路途艰险、土匪频出等，这些都让“破路”任务的难度与挑战更加艰巨。

（一）历经艰险组织开展“破路”工程

1942 年 6 月 1 日，刚从缅北野人山脱险归国的陶述曾，尚未能与母亲、妻子团聚，便被曾养甫委以重任去破坏滇缅边境的汽车运输便道。陶述曾立足民族大义，毫不迟疑、坚定地投身到“破路”工作当中，沿途历经重重磨难。

第一，路途艰险复杂，地理环境恶劣。滇缅边境地区大山巨川连绵不断，境内沟壑纵横，海拔起伏较大；交通极其不便，尽是“鸡肠子路”，路的一面绝壁千仞，另一面万丈深渊；每年夏季更有长达四个月的雨季。在这样恶劣的地理环境下，人们来往行走尚且不便，更不用说完成破路任务了。陶述曾在日记中也多次记录了“破路之行”

① 引自陶述曾《耿马之行》日记手稿。

的艰险路况，如1942年6月14日在路过枯柯河时，他这样描述道，“……路在稀疏的松林中像‘之’子形往下盘。坡很陡，黄泥经雨，马蹄直往下滑，有时四条腿支撑着滑下三四尺才停止”。又如6月20日的日记中记录了从红山出发七八里路后的场景，“涉过一条峡深的山涧，刚爬上彼岸，一匹小红马因上坡太陡，翻落涧底……”；在渡过南定河时，“马只有耳和鼻口露出水面，它们把耳朵都掩在脑后，上唇向上翻起掩住鼻孔，用力喷着气”。边境地区路况复杂，交通工具仅靠马匹，真是“所过无空阔，真堪托生死”①。

第二，时局动荡不安，沿途土匪横行。滇缅边境因战事吃紧、时局动荡，不少民众为求生计，落草为寇，拦路打劫，这也为陶述曾的“破路之行”增加了许多挑战。据其6月14日的日记中记载，枯柯坝子是著名的匪区，“土匪之多，更足使行人裹足”，但却是到工地最近的路的必经之地。为完成工期，陶述曾一行不得已选择了这条路。在路过枯柯坝子时，陶述曾“把手枪装好仅有的两颗子弹，紧握在手中”，“左手牵着马，右手扳开手枪的保险

① 引自陶述曾《耿马之行》日记手稿。

机，两眼探察着前面的石隙和树林，屏息走过桥南"，等到视线可以看到稍远的地方，"才轻松地吁了一口气"①。

第三，战事吃紧，破路工期时间有限。1942年4月29日，日军第五十六师团由棠吉进攻腊戌，以装甲车为先导，并用汽车载运步兵的快速部队沿滇缅公路挺进。5月2日，进入边境之畹町，4日进占龙陵，当晚进至怒江惠通桥西岸，如入无人之境。5月5日上午，中国守桥工兵将惠通桥炸断，阻止敌人深入怒江以东。5月10日，腾冲沦陷，滇西形势危急。美国志愿空军指挥官陈纳德5月4日在给蒋介石的一个报告中说："根据美空军的侦察报告，在滇缅路上，中国军队零零落落，溃不成军，对于日军的前进，完全没有抵抗。如果再不设法挽救，依照敌人几天来前进的速度计算，大约十天就可到达昆明了。"② 可见当时的战事情况十分紧急。因此，越早完成破路任务，对阻止日寇的侵略脚步越有帮助。

正是在这样的背景条件下，陶述曾没有推脱或是犹豫

① 引自陶述曾《耿马之行》日记手稿。

② 宋希濂. 鹰犬将军 宋希濂自述［M］. 北京：中国文史出版社，1986：156.

退缩，而是以使命在肩的民族正义感，积极应对困难和挑战，全力以赴，勇往直前，直至顺利完成任务。

第一，制订详细的破路计划。陶述曾根据自己修筑该路段的经验，结合当时的路段特征和实际情况，分步骤、有计划地部署破路行动，“全路凡经遇坝子的地段，雨季全是烂泥，路基不挖也不能行车。干季中路基以外的田坝却到处都能跑车，挖掉路基仍然不能阻止敌人前进。目前坝子里瘴气太烈，我认为无须牺牲许多生命去破坏。山坡上太容易修复，另筑新路也极容易，地方破坏也无益。我打算选择山坡最陡、工程最难、短期不能修复或不能绕筑他线的地方破坏”①。通过先破坏最难修复的地方，再破坏较容易的山坡，最后再破坏田坝里的路这样的思路去开展工作，这对于当时任务重、时间紧的现实局势而言，无疑是科学可行的。陶述曾反对当时“化路为田、化路为林”的破路办法，他指出，“化路为田、化路为林，不是短时期所能办到的，我只能担任破坏最扼要的地方”②。

第二，发动近边各县民众参与破路工作。在破路征工

① 引自陶述曾《耿马之行》日记手稿。
② 引自陶述曾《耿马之行》日记手稿。

方面，蒋介石致电龙云令饬沿线各县府发动民众协助速办，陶述曾到弥渡后办理了请近边各县征工的公文，到达镇康后，陶述曾经与当地县长商定，很快就下达了征工令，“每工每天由本队发给工米1公斤，工资10元，往来川资每天每人15元；本队先交10万元给县政府转发给民工作工资”①。在征工过程中，陶述曾还顾全大局，勇于担当，婉拒从保山抽调士兵来专门保护自己。他对驻在保山的骑兵团杨团长说道，“保留你的力量，免得增加保山大军的危险，同时也就是增加我的安全。事情这样办妥当些，个人多负一点责任倒无所谓”②。为保证工作完成，陶述曾善谋善思，动员商定河两岸土司地与萨尔温江东岸缅境土司地的士兵掩护破路工作。

在陶述曾的号召动员下，沿线县府官员、土司及各民族同胞大力支持破路行动，仅用20天就彻底破坏了150多公里的汽车运输便道，完满完成任务。

（二）积极动员联络当地土司守土抗战

日寇占领怒江以西地区后，在腾冲绮罗观音寺设土司

① 引自陶述曾《耿马之行》日记手稿。

② 引自陶述曾《耿马之行》日记手稿。

监督厅，以严密控制腾龙县境到沿边各土司地，并施其惯用伎俩，对土司进行恫吓拉拢，以政治手段蛊惑人心，委各土司以各种名目的维持会长、司令头衔①。南甸小土司龚统政投附敌伪后，受日本人的指使，勒派壮丁为敌服务，搜刮地方粮食供敌食用，致使边地民不聊生。此外，也有土司不明抗战形势，一家人意见难合。如盈江土司刀承钺与其父刀保图主张抗敌，其三叔刀保固主张降敌，结果刀保图父子出居五台山，拥护中央②。总之，当时的滇西土司既有投敌者，也有拥护中央者，更有中立者，不一而足。而滇西部分土司持犹豫不决的态度，不仅是因为慑于日寇的淫威，还因为对国民政府之前实行的“改土归流”③ 政策心存疑惧。

在国家面临生死存亡的紧急关头，各民族如果没有一种巨大的精神凝聚力，只能是“一盘散沙”。面对滇西土

---

① 德宏州志编委会办公室. 德宏州文史资料选辑：第 11 辑［M］. 芒市：德宏民族出版社，1999：122.

② 德宏州志编委会办公室. 德宏史志资料：第 8 集［M］. 潞西：德宏民族出版社，1986：28.

③ “改土归流”，将民族地区世袭的土官加以取消，任命非本地人作为当地的最高官员（流官），流官有一定的任期，期满即予以轮换。

司犹豫不决的态度，李根源指出，“敌人侦谍四出，百端迷惑，若不及时示以殊恩，发其忠义，诚恐被敌利诱、威胁”①。因此，国民政府意识到，削夺土司职权，废除土司制度已非当务之急。相反，如何化解矛盾，消除隔阂，协助远征军共同抗日，已成为亟待解决的问题。

陶述曾“耿马之行”的主要任务是破坏滇缅之间的汽车运输便道，也附带“做滇甸边境各土司的工作”，团结动员滇西各土司，和衷共济，守土抗战。

第一，据实分析缅境土司现状。在陶述曾出发之前，就曾有大量未经考证的消息传入后方，争传滇西土司叛变投敌，这对边境舆论环境造成了严重的负面影响。陶述曾到达镇康后，他基于修路时与当地土司打交道的经验，对缅境土司做了细致分析，“缅境的这几个土司对我们的边政素来没有好感，他们又是‘英国’的官。我们既不能劝他向中国尽忠，说依附中国有什么好处他们也不相信，但他们的祖先都是中国人，中国政府和人民并没有把他们看外。在这异族侵凌的时候，英国既无力保护他们，中国政

① 张瑜. 土司制度与边疆社会［M］. 长沙：岳麓书社，2014：459.

府和人民为血族的关系不能不关怀他们的安危”①。事实上也是如此。6 月 22 日，陶述曾到达耿马城后，土司罕裕卿一见到他就兴奋地说，“处长来，我的冤屈可以洗清了”②。原来，当地局长因为罕裕卿一心为铁路办事而不肯替他搜刮钱财，很不满意，于是便向省政府呈报，诬他勾结敌人，图谋不轨。而省政府对土司地的具体情形很隔膜，又逢腾龙各土司不少降敌，便相信了当地局长的诬告之辞。幸亏陶述曾前来才得以明确真相。罕裕卿向陶述曾表明了自己坚持抗战、誓死卫国的决心，并介绍了滇西土司的基本情况：腾龙各土司基本降敌，兴威土司带领缅兵驻扎滚弄，孟定土司拒敌坚守等。

第二，组织七七抗战纪念会，团结动员滇西各土司守土抗战。1942 年 6 月 23 日，陶述曾写了几封信交给裕卿分别送猛角董、班洪、邦隆、果敢土司，邀约他们到耿马参加七七抗战纪念会。7 月 7 日，陶述曾在耿马城组织召开了七七抗战纪念会，参会的首脑人物包括：耿马土司罕富廷、孟定土司罕万贤、班洪王代表罕华文、猛角董土司

① 引自陶述曾《耿马之行》日记手稿。
② 引自陶述曾《耿马之行》日记手稿。

代表罕富寿、缅甸果敢世袭县长杨文炳的代表陈毓汉以及陶述曾本人。这次大会主要决议包括七项内容：一是组织耿沧区游击支队；二是组织怒江下游游击支队；三是组织边区通讯网和递步哨；四是各司清查户口，严密防止敌间活动；五是派坐探往缅境敌后工作；六是各司与国军密切联络，组织运输队为国军服务；七是筹备驻军及过境军队的供应给养①。

召开这次会议是陶述曾此次耿马之行关于联络滇西土司的重要事项，如陶述曾在日记中所记载那样，“抗战满 5 周年，敌人的炮火从我们的东北角烧到了西南角。把我们的民族意识国家观念素来淡薄的各民族逼迫得团结起来，今天耿马的七七纪念会就是团结的一个具体表现”②。这次会议的胜利召开也标志着陶述曾耿马之行所肩负的联络滇缅边境各土司团结一致、守土抗战的使命任务顺利完成。

（三）记录了耿马地理物产和风俗民情

陶述曾于 1942 年 6 月 2 日从祥云出发，经弥渡、保

---

① 引自陶述曾《耿马之行》日记手稿。

② 引自陶述曾《耿马之行》日记手稿。

山、镇康、施甸、大寨等地，22 日到达耿马城，至 8 月 20 日完成任务返回弥渡，陶述曾此行共耗时 70 天。在这期间，陶述曾用日记的形式记述了他的这一次“蛮烟瘴雨中的旅行”①。

在日记《耿马之行》中，陶述曾用生动的笔触记录了沿途的地理风貌和风俗民情，为我们了解滇缅边境及边境土司们的生产生活提供了重要参考。如介绍施甸坝子，“这是保山县属的第二个大坝子，纵横沟壑，边沿上生着密排的常绿树。田禾茂绿，村庄很密，从树隙中露出些粉白墙的房舍，显着富庶的景象”②。在夜宿彩靠寨时，陶述曾对当地妇女的穿着也有一段描述，“这村里女人们装束一半摆夷化了，头上缠的黑布包头圆而高，像京戏里黄天霸的帽子，和芒市一带女子所缠的一样；头发四面向上梳，从包头下缘露出几条押发的银链；上身穿大袖蓝布衫，腰里围着齐膝盖下的黑布短围裙，远看也有点像旱摆夷，但脚都缠尖了；鞋尖向上翻，像驱逐舰；从腿肚到脚

① 引自陶述曾《耿马之行》日记手稿。
② 引自陶述曾《耿马之行》日记手稿。

劲缠成细直棍，走路时屁股用力地扭着，显得很费劲”[1]。生动的文笔将少数民族妇女的形象勾勒得活灵活现，令人印象深刻。此外，陶述曾还在日记中介绍了耿马的农产品，如稻米、玉蜀黍、蕃芋、棉花；林产品如茶叶和少量的桐子；水果如黄果、芒果、凤梨、香蕉等等。

关于滇缅边境居民们的一些传统民俗，陶述曾在日记中也多有提及。如“每座摆夷村庄后必有一座永远不准樵采的树林，那是神蛇的住宅，如果弄砍倒一棵树，村子就会死一个人”[2]；又如旧历六月十五是摆夷族的关门节，在这个节日以后摆夷人“不出远门，不杀生”，40 岁以上的男女每天进缅寺读经，男人夜晚睡在缅寺里，青年夫妇们虽然可以不念经，也得分床睡觉，一直到九月十五“开门节”才恢复平时生活。当地富人在关门节和开门节请“佛爷”设坛诵经；亲戚朋友参加礼佛，主人家要“款待宾客，布施僧人”，这种活动被称作“做摆”。关于当地的市集贸易，陶述曾在日记中也有记载，“耿马城 5 日一市集，货物大宗是布匹、食盐、农具、土造步枪和各种枪弹。其

---

① 引自陶述曾《耿马之行》日记手稿。
② 引自陶述曾《耿马之行》日记手稿。

次是炊具和针线。关帝庙后有牲口市，买卖牛马。赶街的人们各种民族的都有，身上都带着刀枪。只有卡瓦族不许进城的，因为摆夷是被卡瓦烧、劫怕了的”①。耿马附近有几乎与外界隔绝的民族地区或村落，如“大寨”，这里的“居民有六七百户，是夷方最大的村落。除了十几家汉人外，都是与班洪同族的卡瓦。全村务农，每天黎明下山耕作，黄昏上山憩息”②。虽隔绝于世，但他们受“老爹”（卡瓦人对诸葛武侯的称呼）的影响深远，无论是衣着制服、生产工具还是住宅样式，都与“老爹”息息相关，“他们相信‘老爹’是不死的，现在还做着‘汉朝’的宰相”③。一千多年过去，外界发生翻天覆地的变化，但他们“不知有汉，无论魏晋”，真可谓一个奇迹。

三、陶述曾《耿马之行》的价值意义

《耿马之行》作为陶述曾先生亲历耿马地区的实录，

---

① 引自陶述曾《耿马之行》日记手稿。

② 引自陶述曾《耿马之行》日记手稿。

③ 引自陶述曾《耿马之行》日记手稿。

充分体现出他满腔的爱国热忱。他在1942年6月9日的日记中如是记载："就我个人说，我是冒着蛮烟瘴雨去到敌前亲手毁掉我自己曾费心血筑成的路！……这是如何难过啊！"① 这足可以见陶述曾先生立足民族抗战大局，不顾个人荣辱，作出的自我牺牲精神。

《耿马之行》这部日记对研究抗战时期滇西交通发展、滇西土司民众共同参与抗日、耿马地区的自然人文环境等方面的内容具有重要参考价值。

第一，为研究抗战时期滇缅交通的变化发展提供了更为丰富的参考资料。抗战期间，云南省政府发动百万民工协助修筑战时国际国内交通线和军事工程，为支援抗战和增强国家军事作战能力作出了重要贡献。滇缅公路是一段用血肉浇筑而成的"抗战路"。美国驻华大使约翰逊经滇缅公路赴重庆后感慨说道，"滇缅公路工程浩大，沿途风景极佳，此次中国政府能于短期完成此艰巨工程，此种果敢毅力与精神，实令人钦佩。且修筑滇缅路，物质条件异常缺乏，第一缺乏机器，第二纯系人力开辟，全赖沿途人

① 引自陶述曾《耿马之行》日记手稿。

民的艰苦耐劳精神、这种精神是全世界任何民族所不及的”①。然而，受战事影响又被迫把这段交通毁坏掉，令人唏嘘。

陶述曾是滇缅边境交通要线兴建与毁坏的直接见证人。1938 年 6 月，陶述曾刚结束灵川桥工程主持工作，就接到了滇缅铁路西段工程处的电报，要求他带领原琼崖铁路员工速赴云南，修筑滇缅铁路②。到达云南后，他先后任无量山东麓到澜沧江东岸一段的总段长、滇缅边界第 20 段总段长，1941 年 10 月，任滇缅铁路第一工程处副处长兼运输便道工程处主任，1942 年 3 月，又任缅印边境公路抢修队总队长兼第一工程处副处长。这些经历使他对滇缅边境的大小交通要塞都了然于心。《耿马之行》真实记录了他这次破路任务的完成经过，也记录了他从边境“修路人”到“破路人”的角色转换，他的日记为研究抗战时期滇西交通发展变化情况的特殊性和重要性提供了重要的参考价值。

---

① 云南省政协文史委员会. 血肉筑成抗战路［M］. 昆明：云南人民出版社，2005：57.

② 陶建生，潘大华. 陶述曾传［M］. 武汉：武汉大学出版社，1992：88.

第二，对研究少数民族抗战史，构筑中华民族命运共同体具有重要参考价值。中国是一个多民族国家，长期经济文化密切的交流和近代以来反对外来侵略者的共同斗争，使各民族彼此间形成强烈的认同感，形成你中有我、我中有你、谁也离不开谁的命运共同体。而滇西作为我国西南地区少数民族的聚集地，保留着传统的土司制度，这里居住着 24 家土司，统领着 13 个民族。在抗战时期，以滇西少数民族为代表的中华民族各族儿女，团结奋进，以各种各样的方式积极投入到反抗日本帝国主义侵略的战斗当中，形成了全国各族民众积极参与抗战的壮观局面。滇西土司强烈的向心力、号召力和影响力是滇西多民族抗战的精神旗帜，他们在抗战中表现出的爱国主义和民族精神，使滇西少数民族抗战这段历史成为永恒的记忆。

陶述曾《耿马之行》中关于耿马土司抗战的记载，生动还原了当时耿马土司的爱国情怀以及当地群众艰苦抗敌的伟大壮举。当耿马土司罕裕卿见到陶述曾时，深情地说道，“我世世代代受国家的厚恩，没有降敌的道理”，“我属下的人有许多劝我投降，我对他们说‘哪一个敢私自和降敌的汉奸们通信，我先杀掉他再向中央报告’，他们才稍为安稳下去"[①]。正是在罕裕卿这样的土司的坚强领导下，滇西民众才得以抱定决心、积极抗战。此外，陶述曾还在日记中记录了耿马土司及人民对于当地驻军的供应问题。在面对驻军供给不足的问题上，"裕卿规定大寨附近的十几寨轮流供给驻军的小菜，限价极低；所得的菜价缴给圈官收管，聚集 7 天菜款买一口猪送给驻军打牙祭，不够的钱由司署津贴"[②]。在这样的举措下，当地军民情感增进了不少。1942 年 6 月，时任国民政府云贵监察使的李根源发表《告滇西父老书》，号召滇西民众积极抗战，滇西各土司纷纷复电，坚决表示"世受国恩，守土有责，杀敌御辱，自当全力以赴"[③]。陶述曾日记中关于耿马土司及人民抗战的抗战壮举，为研究滇西土司与人民抗战的情况提供了珍贵史料。

第三，为研究耿马地区的地理环境与社会发展情况提供了更多的视角。耿马，巴利语称"辛吐袜纳塔"，意为人们跟随着白色神马寻觅到的地方，境内外群众称这里是

---

① 引自陶述曾《耿马之行》日记手稿。

② 引自陶述曾《耿马之行》日记手稿。

③ 何文光. 滇西抗战史论 [M]. 昆明：云南大学出版社，2007：145.

“猛相耿坎”，是黄金宝石之乡。[①] 它地处云南省西南边陲，坐落在碧罗雪山向南延伸的余脉部，因受燕山和喜马拉雅山运动的地质作用，地貌褶皱表现强烈，境内地势自东向西由高渐低呈梯级递降，中部有西南走向的耿马大山和东南走向的四排山，呈“人”字形镶嵌在中间，形成南碧河、南定河两大水系，山间沟壑纵横，丘陵起伏，山地面积达百分之九十以上。正是在这样的地理环境下，耿马等地大部分由土司管辖的地区相对封闭，与外界交流沟通较少，也鲜有内地人到此游历调查。故此，人们对于这片区域的认识也较为粗浅。

陶述曾在耿马“破路”的过程中，将沿途及耿马地区的所见所闻详细记载于《耿马之行》日记之中，为研究耿马地区民族史、区域社会史留下了大量弥足珍贵的史料。比如，陶述曾在日记中介绍了耿马地区的农产、林产、矿产以及当地盛产的水果等等，介绍了耿马地区居民狩猎的传统习性，“黎索人多用毒箭猎取猛兽”，“摆夷人在冬春

① 耿马傣族佤族自治县地方志编纂委员会. 耿马傣族佤族自治县志［M］. 昆明：云南民族出版社，1995：1.

两季也打猎，但只打马鹿和麂子，不打猛兽”①，更是用较大篇幅介绍了“摆夷族”的传统节日“关门节”和当地的神话故事。这些生动而趣味十足的文字记载为我们留下当时滇缅边境少数民族的风俗风貌，更为今天研究民国时期耿马地区的地理环境与社会发展情况提供了珍贵的参考资料。

概言之，陶述曾日记《耿马之行》是一篇研究抗战时期滇西交通、滇西土司与滇缅边境自然人文环境的珍贵历史资料，具有重要文献价值，值得深入挖掘。

（指导老师：李良明，华中师范大学马克思主义学院教授、博士生导师）

① 引自陶述曾《耿马之行》日记手稿。

著名水利专家陶述曾的治水人生

吴清华

陶述曾出生在湖北黄冈的一个官宦家庭，幼时因其父陶月波在河南洛阳任知县，便随母前往洛阳念书。1911年，武昌辛亥首义成功，他以一腔报国热忱，投入武昌革命军政府将校官补充团受训，1912年春考入武昌军官学校工兵科学习。在此学习期间，受一名陈姓教官的影响，他对建设抱有热切期望，认为"'英雄'不仅仅是那些驰骋疆场的好汉，也是扎扎实实从事建设为生民造福的志士"①，他开始渴望成为大禹那样的英雄，兴利益民，此时他年仅16岁。从北京大学土木系毕业后，陶述曾结合自己的专业方向，立下了宏大的终身志向。"我是学土木的，离不开青山黄水，我的志向是治水，效法为生民立命的大

---

① 陶建生，潘大华. 陶述曾传［M］. 武汉：武汉大学出版社，1992：46.

禹，这是我不变的初衷。”① 信仰既定，从此便矢志不渝，直至生命最后一刻。

一、黄河花园口堵口复堤

1938 年，日军攻占徐州后，准备集合南北两路兵力，夺取中原，占领武汉。6 月 1 日，蒋介石在武汉召开了最高军事会议，决定在豫东战略撤退，同时指定商震第二十集团军负责开掘黄河大堤，“以水代兵”，企图阻止日军前进。4 日，第二十集团军总司令商震派第五十二军一个团在河南省中牟县赵口开掘黄河堤，因水流不畅，未获成功。6 日，国民党新八师师长蒋在珍建议在花园口另行掘堤，被蒋介石所采纳。蒋在珍在掘堤之前，将花园口一带的群众驱赶至 10 里以外，密布岗哨，士兵日夜轮流掘堤。6 月 9 日上午 9 时许，蒋在珍部在花园口掘堤后，黄河水奔腾而出。又唯恐决口太小，他急电薛岳调来两门平射炮

① 陶建生，潘大华. 陶述曾传［M］. 武汉：武汉大学出版社，1992：198.

及一排士兵，连射六七十发炮弹，将决口扩大至 370 米，全河改道。汹涌的黄河水流决堤而出，一泻千里，堤脚下的邵桥、史家堤、汪家堤和南崖四个村庄霎时被洪水冲毁，荡然无存。决堤口外被水冲刷成深 13 米、方圆 2500 多亩的深潭。洪水由中牟、白沙间向东南泛滥，水势所至，罹难民众，不知凡几。“黄河滚滚向南奔流，淹没了河南、安徽、江苏三省的广大土地，受灾人口达一千万人以上，财产的损失更难以计数。”①

抗日战争胜利后，让黄河回归故道成为人们迫切的希望。陶述曾后来回忆道，当时“眼望着苦难同胞在洪水中啼饥号寒，却是有技无处使，有力无法出，心里简直如油煎刀剜，只能对天长叹”②。由于多方面的原因，陶述曾虽满腔热血，一身才能却难以施展。1946 年 4 月初，时任堵复黄河花园口口门工程局材料处处长瞿文琳向黄河水利委员会委员长赵守钰推荐陶述曾出任堵复黄河花园口口门工

① 宋希濂. 鹰犬将军 宋希濂自述［M］. 北京：中国文史出版社，1986：147.

② 政协山东省委员会文史资料研究委员会. 山东文史资料选辑 第 23 辑［M］. 济南：山东人民出版社，1987：38.

程局的总工程师，陶述曾“顿时欢喜异常”①。面对挚友们的诚心劝说，“花园口黄河大堤已决口 8 年，是个难度相当大的工程，一旦堵复失败，不管哪一级长官，也不会替你承担责任，到时候，罪过可要加在你一个人身上，你还是要三思而后行为好”，陶述曾坚定地回答道：“在鄂皖苏三省，还有我 600 万同胞流落异地，无家可归，在饥寒交迫中挣扎。我是个吃水利饭的人，不能为苦难同胞尽心出力，于心难忍啊！我志已决，去向已定。”② 陶述曾的拳拳报国心，总算是有了实现的地方。

1946 年 4 月 7 日，陶述曾登上从重庆飞往开封的飞机，一落地便径直奔向瞿文琳家中了解黄河花园口堵口复堤工程情况③。瞿文琳先是向陶述曾介绍了花园口堵口复堤工程局的组成及领导班子成员情况，“堵复局局长由黄委会委员长赵守钰担任兼任，3 名副局长是李鸣钟、潘镒

① 政协山东省委员会文史资料研究委员会. 山东文史资料选辑 第 23 辑 [M]. 济南：山东人民出版社，1987：38.

② 政协山东省委员会文史资料研究委员会. 山东文史资料选辑 第 23 辑 [M]. 济南：山东人民出版社，1987：40.

③ “堵口”，是指堵塞 1938 年 6 月为蒋军扒开的花园口；“复堤”，是指恢复花园口以下黄河故道直到利津的两岸堤防。

芬、齐寿安，联合国善后救济总署中国分署（简称‘联总’）派美籍工程师塔德为工程顾问”[①]。瞿同时也介绍堵口复堤工程所面临的具体困难。黄河从花园口南流后，自花园口到山东利津黄河入海口，原有的1280公里的大堤，都遭到了不同程度的损坏，或沿堤挖筑战壕，或修建了房屋，河槽里面成了庄稼地，甚至修筑了铁路、公路，新辟了一些村庄，原有“河道”的影子荡然无存。更为关键的是，在这1000多公里的路途上，除了齐河到济南六七十公里地段属于“国统区”，其余全部都是解放区。如果堵口工程不顾及故道修筑防堤就开工，无异于让黄河洪水在解放区造成新的黄泛区，“水利”又将变成水害。中国共产党以大局为重，同意黄河堵口归故计划，并提出了先复堤、迁移河床居民而后堵口的合理主张。1946年3月23日，国共两党在河南开封达成协议：“堵口复堤同时并进，但花园口合龙日期须俟会勘下游河道堤防淤垫破坏情形及估修复堤工程大小而定”，“应本统一合作原则由双方参加人员办理”，“河床内居民之迁移救济，原则

---

① 陶建生，潘大华. 陶述曾传［M］. 武汉：武汉大学出版社，1992：144.

上自属必要”，“具体办法仍俟实地履勘后，视必须情形再行商定之”①。

了解完黄河花园口堵口复堤工程的具体情况后，陶述曾真正感受到了肩上担子的分量，于是便紧锣密鼓地投身到黄河故道的踏勘工作当中。经过实地勘察，他发现自花园口到利津，堤防破坏严重，险工不下五六十处，大段河床上成了老百姓的耕地和生活区，很难抵御洪水。在此种情景下，只有“先修堤，后堵口”，即先修复下游堤防，等汛期过后，再行堵口，以避免汛期到来时造成下游溃决而给广大人民带来灾难。然而，当时国民党政府行政院和美国联勤总部工程顾问塔德不顾实际，提出“先堵口，后修堤”的主张，并要求“整个工程准备6月合龙竣工”，声称“联总只对6月合龙感兴趣。如果要拖到12月，联总就不支援了”②。宋子文因害怕联总的经济制裁，匆匆给时任行政院水利委员会委员长薛笃弼发来电报，“希速饬原

① 《花园口变迁》编写组. 花园口变迁［M］. 郑州：河南人民出版社，1979：24.

② 陶建生，潘大华. 陶述曾传［M］. 武汉：武汉大学出版社，1992：157.

定计划积极提前堵口”。[①] 塔德的主张获得了采纳。陶述曾百感交集，觉察到塔德 6 月合龙背后隐藏着阴谋，并预感到 6 月合龙的必败结局，为不改为生民立命的初衷，他决定退出这个“旋涡”，愤而辞职。

事实果真如陶述曾所料，塔德在进行堵口时，黄河伏汛冲走大量桥桩，糟蹋了价值十几亿的工料，堵口工程最终以失败告终。陶述曾按捺不住激愤之情，在重庆《大公报》上撰文指出：“我以为这次联总上了塔德先生的当，而政府又上了联总的当，所获的教训是明明白白的。”[②] 黄河花园口口门工程局再次电请陶述曾主持这项工程。他返回工地后，立即组织人力修复堤防，重新设计施工方案，创造性地在黄河上采用“立堵合龙方法”[③]，终于在 1947 年 3 月 15 日完成了黄河史上最后的堵口工程，泛滥 9 年的黄河终于回到了故道。傅斯年后来对陶述曾说，“黄河花

① 陶建生，潘大华. 陶述曾传［M］. 武汉：武汉大学出版社，1992：159.

② 陶述曾. 论黄河堵复工程［N］. 大公报，1946-08-12.

③ “立堵合龙方法”，概括地说就是捆厢进占，浇筑后戗，抛枕合龙，恢复大坝。见陶述曾. 陶述曾治水言论集［M］. 武汉：湖北科学技术出版社，1983：111.

园口堵口，河复归故道，功不在禹下”[①]，陶述曾也坚守了“效法为生民立命的大禹”的初衷与使命，成为“当代大禹”。

二、1954年武汉防汛抗洪

中华人民共和国成立后，陶述曾受邀执教于武汉大学土木系，在武汉大学任教期间，他以广博的阅历、丰富的工程经验、深厚的理论功底以及幽默而富有逻辑的语言表达，赢得了学生们的喜爱与敬仰，教育了一批颇有成就的水利专家与学者。1950年，湖北省人民政府组建了省防汛总指挥部，省人民政府主席李先念任总指挥长兼政委，省人民政府副主席聂洪钧任副政委，任命农业厅厅长徐觉非、武汉大学教授陶述曾为副总指挥长，中游工程局局长任士舜任秘书长。省防汛总指挥部一成立，各级政府均相应成立统一的防汛指挥部，使修筑、防汛与抢险均置于全

---

① 陶建生，潘大华. 陶述曾传［M］. 武汉：武汉大学出版社，1992：185.

省统一指挥下，湖北防汛史翻开崭新一页。陶述曾也成为湖北省第一个防汛总指挥机构的最高领导人之一。

江汉之地多湖沼，在湖沼低洼处又淤出可耕的沃壤，人口增加需要更多的耕地，自然也就向这些沃壤地带发展。关于水灾的形成与发展，陶述曾认为，“人类有了耕地，有了固定的住所，才有水灾”；“水灾是农业发展后形成的，水灾随着围垸垦殖和山地垦殖的发展而发展”①；此外，陶述曾还提出了控制洪水应遵循的基本原则：控制流量，使全年平均下流；控制径流、控制土壤；分蓄洪水；巩固堤防。这些认识为此后湖北乃至全国水灾的防治工作奠定了坚实基础。

1954年入夏以后，长江流域的气候异常，暴雨连绵，大风不息，江河陡涨。武汉上游的洪水来量大，下游顶托。洪水流泄不畅，导致武汉关水位持续上升，武汉市内湖泊满溢，低洼地区普遍渍水，郊外部分农田受涝，防洪堤防遭受到严重威胁。中共中央对武汉市防汛下达了紧急指示，要求“竭尽全力，抢救危关”，并指定政务院副总

---

① 陶述曾．陶述曾治水言论集［M］．武汉：湖北科学技术出版社，1983：139-142．

理邓子恢负责领导武汉防汛抗洪工作。6 月 26 日下午，水位已突破了 26.30 米的警戒线，且上游洪水仍呈猛涨之势。时任湖北省交通厅厅长的陶述曾，接到了武汉市防汛总指挥部副总指挥唐适宇的电话，“市委决定请你出任市防汛总指挥部总工程师”①。

临危受命的陶述曾二话没说，放下电话便奔赴防汛总指挥部，到任后的第一件事便是组建一支强有力的“技术参谋团”。他调长江水利委员会副总工程师雷鸿基、中南行政委员会水利局副局长涂允成、市建设局总工程师金石龙三人任总指挥部副总工程师，调武汉大学副教授土力学专家吴国栋、中游工程局工程师杜时敏任总指挥部工程师。这些成员有着丰富的学识和治水抗洪经验，堪称当时熟悉江汉防汛的专家。此外，20 万防汛大军以军事化组织开赴防汛第一线，但是他们大多是学生、工人和解放军战士，鲜有防汛经验，不懂防汛技术，如何把防汛技术和知识传授给群众成为当务之急。在陶述曾指挥下，总工程师室的工程师们分别奔赴各区、段，通过举办多期骨干力量

---

① 陶建生，潘大华. 陶述曾传［M］. 武汉：武汉大学出版社，1992：214.

培训班的方式，讲课传授防汛技术，并辅以现场防洪示范。然而，仅仅通过口授和示范的方式让从未有过防汛经验的群众掌握好这方面的知识着实不易，于是陶述曾便又编写了《防汛与抢险》一书，作为教材配送至一线指战员的手上，这本理论与实践相结合的著作为防汛大军提供了正确的技术指导，在当时极其艰难的防汛斗争中发挥了重要作用。

以陶述曾为首的工程师们，密切注视“敌我情势”的变化，根据初步掌握的武汉市堤防情况，紧张地研究制定了加固、培厚、加高堤防和除险抢险的防洪工程技术方案，为总指挥部的抗洪战略部署及时提供了科学依据。针对全市堤防普遍较低，一些堤防比较单薄，并有出险可能的情况，采取全面开工、重点培修、抢修险工的方针，筑高堤防，迎战洪峰。汛期新修的汉正街堤防，前后发生大中险情 86 次，全系下水道坍塌所致。根据不同情况，陶述曾采取“围、查、开、修、堵”等多种方法及时抢险，最终也都化险为夷。7 月中旬，雨情十分严峻，洞庭湖、鄱阳湖暴雨集中。武汉又地处两湖之间，上有洪峰下泄，下有高水顶托，又加上连日降雨，市区、市郊低洼处渍涝成灾，全靠大批抽水机外排。在此危急时刻，雨区西移，上游川水与汉江洪峰频频而至，武汉关水位已超过历史最高洪水位 0.5 米以上，并呈上升趋势。尽管在荆江河段采取了十多次分洪举措，但高位洪水所造成的险情仍十分凶猛，重大险情连续发生。此时，陶述曾日夜奔赴各个险工堤段上，指挥抗洪抢险。8 月 18 日，武汉关水位达到历史最高洪水位 29.73 米，但全市沿江大堤仍牢固地矗立，武汉防汛取得了关键一役的重大胜利。

8 月 19 日，长江洪水开始全面回落，人们的兴奋心情溢于言表，但一股麻痹情绪也悄然滋生。作为总工程师的陶述曾，深知退水阶段的险情如果处理不好，依旧会功亏一篑，酿成大祸，全体防汛大军警惕的弦不应有丝毫放松。为了更有力地指导退水阶段的防汛斗争，陶述曾在《长江日报》撰文，对当时武汉堤防形势及防汛抢险对策作了详尽科学的阐述。该文开头便指出，“武汉堤防漫决的危险消灭了，与静水压力强度有直接比例关系的险情正在逐渐减轻；但随着高水位持续时间发展的险情还在继续扩大，退水时期特有的险情即将发生，与季节有关的台风威胁机会更多；如果防守的警惕和努力比较涨水时期削弱了，溃决灾害是可以随时随地发生的”①。紧接着，他对武汉堤防可能发生的险情做了详细说明。按照陶述曾提出的退水阶段的防汛指导思想，武汉市防汛指挥部立即布置了全市堤防的第五期工程，提出要防止松劲麻痹思想，进一步加固堤防，填圹埽坝，克服薄弱环节，消除险情，消灭隐患，在水位高、持续时间长，风浪大的情况下确保落水时期堤防安全。10 月 3 日，武汉关水位 26.25 米，降到警戒线以下，标志着武汉防汛抗洪斗争取得最后的完全的胜利。

毛泽东主席为庆贺武汉防汛抗洪取得伟大胜利发来了贺电，“庆贺武汉人民战胜了 1954 年的洪水，还要准备战胜今后可能发生的同样严重的洪水”②。为认真总结抗洪工作中的成功与失误，把这些人民大众用血与汗水换来的宝贵经验留存下来，传于后世，陶述曾在《人民长江》上发表了题为《武汉市 1954 年防汛技术的经验与教训》的长篇论文，从理论上剖析了武汉防汛抗洪斗争中的技术问题。

---

① 陶述曾．危险水位以上退水阶段的险情发展［N］．长江日报，1954-09-04.

② 陈夕．中国共产党与三峡工程［M］．北京：中共党史出版社，2014：57.

三、江河治本，兴建湖北水利

1955年3月，经湖北省人民委员会批准，湖北省水利局正式改组为湖北省水利厅，4月21日，国务院第9次全体会议通过，任命陶述曾为湖北省水利厅厅长，漆少川、许金彪、贺道海、冯志陆、涂建堂、刘振岐、陈泽荣、胡衷民为副厅长，开启了湖北"九龙治水"新局面。湖北地处长江中游，长江、汉江两大河流流经省内，水旱灾害的频繁发生成为制约湖北国民经济发展的因素，历代治楚者莫不以治水为首要任务。陶述曾作为湖北水政的负责人，深感责任重大，但他工作勤勉，善于思考，结合湖北的水情，听取各方意见，最终形成了自己的一套科学的治水理论，为湖北省水利事业建设做出了突出性贡献。

兴建水利是人们改造自然的斗争，要取得斗争的胜利，必须认识自然规律和社会发展规律，陶述曾深谙这一点。他认为，"全面地认识洪水规律是根治洪水的首要条件"，"但是仅依据这些认识拟订长期战略性的水利方针是不够的，必须全面地认识河流长期发展的规律，同时还要认识社会发展和河流发展的相互关系”[①]。此外，陶述曾还深刻指出，平原泛滥沉积的水和土就是山区流失的水和土，控制山区水土流失，发展山区农林牧业生产，就能够消灭平原洪水泛滥，然而这个“不高深”的理论和方法何以亿万人民“苦于昏淀”，几千年之久还没有实现呢？他认为，“大面积保持水土和无数小型工程蓄水拦沙，必须发动山区群众，全面长期奋斗才能做到。这是社会主义改造大自然的斗争方式，在资本主义社会和资本主义以前的社会是不可能做到，甚至不可能想到的”[②]。这也有力地论证了人民群众是历史发展和社会进步的主体力量，人民群众是历史的创造者。

关于陶述曾的治水思想，概括而言就是“水土运动理论”，他认为，在某一个地区，某一个季节，水土运动“失常”，就发生了“灾害”，而兴建水利就是要控制全流域的水土运动，使它适合于人们发展经济的全面要求。如何控制全流域的水土运动，他对山区丘陵区和平原区提出

---

① 陶述曾．陶述曾治水言论集［M］．武汉：湖北科学技术出版社，1983：256．

② 陶述曾．陶述曾治水言论集［M］．武汉：湖北科学技术出版社，1983：257．

了不同的要求。对于山区和丘陵区，要“基本停止地表土壤剥蚀，保持农林牧业生产的土壤和土壤肥力；广泛控制水源，便于普遍发展灌溉和土壤改良；避免多大的淹没损失”。对于平原区，要“停止泛滥；刷深河槽，达到一般高水位不高于平原地面，便于排渍；保持河流枯水深度，减小涨落幅度，便利航运”①。这些认识极大地丰富了当时的治水理论。陶述曾还指出，“以蓄为主，以小型为主的方针才是全面治水，根本治水，兴利和除患相结合的方针，也是乘水力没有集中就进行各个击破的战略。坚持贯彻这个方针不仅能收效于当前，也能收效于久远”②。陶述曾抓住水土运动这个核心系统，思考如何运用水利工程控制水土运动来为人类的生产服务，具有前瞻性。

陶述曾运用水土运动理论，结合湖北水情，对湖北水利建设各个方面的发展前景也提出了一些方向性指导意见，推动了湖北水利事业迈入新的发展阶段。在防洪方面，他认为，“不宜采取消极防御方针，应该采取按照航

① 陶述曾. 陶述曾治水言论集［M］. 武汉：湖北科学技术出版社，1983：258.

② 陶述曾. 陶述曾治水言论集［M］. 武汉：湖北科学技术出版社，1983：258.

运需要改造河槽的积极方针，运用治导工程，‘以水治水’”；在农田水利方面，他指出，“跨县、跨专（区）、跨省的大系统不只是需要，也有由多数公社合办、县社合办的可能，经济上合理，加以统一规划，也可以串联成为联合运用的高保证率大系统、‘西瓜秧’式渠系是灌溉渠系改造的方向”；在航运方面，他指出，“大中型排灌系统的规划设计都必须考虑在航运网中的地位，符合航运等级标准。在全省水利规划中，应有一个与陆运网相配合的全省性航运网规划”；在水能利用方面，他认为，“在全省水利规划中，应该有一个与工业布局相配合的电力网规划”，“电力网的形成是与交通发展联系着的”；在水土保持方面，他指出，“必须明确认识水土保持与三主水利方针结合是治水的根本措施，是维持蓄水工程寿命的根本措施，是山区生产的基本建设”，“水土保持要以生物措施为主，工程措施和生物措施互起保证作用”，等等①。陶述曾将他毕业心血贡献给了湖北水利建设，在湖北水利厅任职的十余年期间，他大力抓水文站网建设，勘测、设计、科研、

---

① 陶述曾. 陶述曾治水言论集［M］. 武汉：湖北科学技术出版社，1983：263-266.

教育等基础建设，指导全省的防洪体系建设、湖区治理及流域治理的全面规划；解决了无数的大大小小的关键技术问题，这些工程至今都发挥效益，安全运行。可以说，陶述曾是湖北水利建设体系奠基人，王任重曾嘉许他为“党外的布尔什维克”①。

四、与三峡工程的不解之缘

1990 年 9 月，95 岁高龄的陶述曾戴着助听器颤颤巍巍走上由中国水利学会召开的“减轻荆江、洞庭湖区洪涝灾害对策研讨会”的讲台，深情地对与会成员说：“诉大家一个好消息，三峡工程经过国务院组织的 14 个专家组论证，已经通过了。”在场人员无不被这位鲐背老人的真情所感染，报以热烈掌声。

三峡工程是当今世界超巨型水利水电枢纽工程之一，它的建设对中华民族产生了巨大而又深远的影响。孙中山

---

① 陶建生，潘大华．陶述曾传［M］．武汉：武汉大学出版社，1992：276.

曾在《建国方略之二——实业计划》中就提出了建设三峡工程的设想，“改良此上游一段，当以水闸堰其水，使舟得溯流以行，而又可资其水力”①。历史条件的限制决定了孙中山关于三峡工程的设想也仅仅只能是设想而已，但兴建三峡工程的“种子”却深深植根于中华民族儿女心中。新中国成立后，毛泽东主席视察长江，当听到长江水利委员会主任林一山谈到计划在长江上游干支流兴建山谷水库拦洪蓄水，综合利用，从根本上解除长江中游洪灾时，他极感兴趣，指着地图说：“为什么不在这个总口子上卡起来，毕其功于一役？就是修那个三峡水库，怎么样？”② 自此，修建三峡工程事项被纳入国家事业发展议程，然而围绕修建三峡工程所展开的争论，其时间之长，范围之广，争论之激烈，决策过程之民主，以及耗资之巨，却是工程建设史上前所未有。

作为湖北省水利厅厅长的陶述曾，对三峡工程的兴建满怀期望，他对长江中游湖北境内江汉平原的洪水灾害有

---

① 孙中山全集：第六卷［M］．北京：中华书局，1985：300.

② 林一山．毛泽东与三峡工程和南水北调［J］．中国水利，1993（12）.

着切肤之痛，体会尤深，一直在寻求根治洪患的治本之策。三峡工程对解决江汉平原的洪水问题将发挥不可替代的重要作用。于是他从一开始便走进了三峡工程兴建争论的行列，矢志不渝地为三峡工程的兴建和规模论证据理力争，陈辞呐喊。“只要条件许可，凡有三峡的档，我必研究；凡有三峡的会议，我必参加；凡有三峡的文章，我力争阅读，总之，我对三峡工程总是魂牵梦绕，念念不忘。”① 此外，他还多次撰文参与工程讨论。

《中国水利》1956 年第 5、6 期刊载了林一山《关于长江流域规划若干问题的商讨》一文，此后《水力发电》1956 年第 9 号也发表了李锐等八位同志关于长江流域规划的文章，他们对国家建设的重大问题进行了论争。陶述曾也积极参与其中。他在《对长江流域规划的几点意见》一文中阐述了自己的观点，提出，“长江流域规划中第一期工程的选择应当首先明确第一期工程的中心任务和达到这个任务的方针。社会主义治水的总方针是综合利用水利资源，第一期工程的选择也不能违背这个积极兴利的总方

① 陶述曾. 兴建三峡工程，解除心腹之患［N］. 人民日报，1991-12-29.

针。站在长江平原受着严重水灾的 3000 万人民的立场说话，长江流域规划第一期工程的中心任务应当是消灭洪水灾害，也就是解决防洪问题”，“第一期工程选择应当以山谷水库为对象，才适于综合利用总方针。枢纽的位置应当在长江上游和汉江上游，这才能解决水灾威胁最严重的荆江和汉江的问题，也才能解决整个中下游包括洞庭湖在内的水灾问题”①。此后事实也表明，陶述曾的这些观点和意见，是科学且经得住实践检验的。

1959 年 5 月中旬，“三峡初步设计要点报告讨论会”在武昌举行，中央有关部委、有关省市，设计、施工、科研单位和大专院校共 66 个单位 188 人参加。陶述曾在这次会议上担任了施工准备组组长，作了题为《工程设计的几个具体问题》的发言，指出，“我完全同意三峡工程设计要点以防洪为主、综合利用的方针，每年汛期，沙市水位超过 43 米的阶段，荆州人民就以‘堤在人在’的精神在荆江大堤上日日夜夜与洪水做生死存亡的搏斗。家里老弱的生命都照顾不了，更不要说生产了。……不根治长江的

① 陶述曾. 陶述曾治水言论集［M］. 武汉：湖北科学技术出版社，1983：31-32.

水灾，湖北工农业和交通运输业生产就得不到彻底保证，人民也得不到心情舒畅的社会主义生活！这就是我们拥护三峡工程设计方针的原因”①。此外，他对三峡工程设计还讲了几点具体意见。

1979年5月，已84岁高龄的陶述曾受邀参加了“长江三峡水利枢纽选坝会议”，他在会上作了《关于高坝工程的三点意见》书面发言，阐述了自己的观点。他认为坝址的选择，无论是太平溪还是三斗坪，两条坝线各有优缺点，“今后再从施工难易方面作点比较研究，早作决定”；而关于正常高水位，“必须明确三峡高坝的任务是防洪第一，发电第二，航运第三。按这个次序统一主要矛盾”；关于施工问题，“我国自己必须有几个强大的水利工程施工队伍”，“三三〇队伍作为三峡队伍的骨干或基础”，并建议“由铁道兵挑选大规模石方开挖经验的指战员，配备大型开挖装运卸机械，组织一个石方开挖专业队伍”②。最后，陶述曾指出，“一箭三雕，端在三峡枢纽的实现，这

① 陶述曾. 陶述曾治水言论集［M］. 武汉：湖北科学技术出版社，1983：53.

② 陶述曾. 陶述曾治水言论集［M］. 武汉：湖北科学技术出版社，1983：58-59.

是其他任何工程代替不了的！”

通过新中国成立以来数十年的基础技术工作和科学研究，我国水利工作者掌握了大量关于三峡工程的科学技术资料，论证有据，说理透彻。在以陶述曾等老一辈水利专家的大力推动下，三峡工程纳入了国家的重要议事日程。1993年1月，三峡枢纽工程开始准备工程施工。1994年12月，三峡枢纽工程正式开工，进入一期工程建设。历时13年，2016年9月18日三峡升船机正式进入试通航阶段。三峡工程是中华民族艰苦奋斗、伟大创造的典范，从1919年孙中山提出修建三峡工程设想，到2020年完成整体竣工验收，中华民族追寻百年的三峡工程之梦终于实现。

陶述曾生于十九世纪末，逝于二十世纪末，他的一生几乎跨越中国近一个世纪的历史。作为一位水利工程专家，陶述曾在那个动荡的岁月中完成学业后，怀揣一颗“效法大禹，为生民立命”的爱国赤子之心，往来于战火之中，足迹遍布林莽幽谷，一生充满传奇色彩和诸多艰辛。新中国成立后，陶述曾博展其才，在推进湖北水利工程建设中，在三峡水利枢纽建设的决策论证中，充分展现出了“当代大禹”的实践才干和突出贡献。全国政协原副主席王任重称他“为人正直，一生为人民作了许多好事”；

水利部原副部长张含英赞他“终身务水利，壮志满胸怀”①。

“奇才溢江河，兴利万民乐。”陶述曾一生的追求与实践，在中华民族工程建设史上留下了光辉灿烂的一页，他的治水精神也将永远激励后人。

（指导老师：李良明，华中师范大学马克思主义学院教授、博士生导师）

---

① 1992年，受湖北省科学技术协会、湖北省水利学会委托，由陶建生、潘大华主编，武汉大学出版社出版《陶述曾传》，全书30余万字，较为翔实地记录了陶述曾先生的一生。时任全国政协主席李先念为该书题写了书名，王任重、钱正英、张含英等为该书题词。